전남대학교 아시아문화연구소 총서 12

망부운

백족 민간설화
정율성 오페라

전남대학교 아시아문화연구소 총서 12

망부운

백족 민간설화와 정율성 오페라

인 쇄 2019년 2월 20일
발 행 2019년 2월 25일

저 자 양회석
발행인 정병석
발행처 전남대학교출판문화원

등 록 1981. 5. 21. 제53호
주 소 61186 광주광역시 북구 용봉로 77
전 화 (062) 530-0571~2 마케팅 530-0573
팩 스 (062) 530-0579
홈페이지 http://www.cnup.co.kr
이메일 cnup0571@hanmail.net

값 12,000원

ISBN 978-89-6849-604-2 (93380)

이 도서의 국립중앙도서관 출판예정도서목록(CIP)은
서지정보유통지원시스템 홈페이지(http://seoji.nl.go.kr)와
국가자료종합목록시스템(http://www.nl.go.kr/kolisnet)에서 이용하실 수 있습니다.
(CIP제어번호 : CIP2019001566)

전남대학교 아시아문화연구소 총서 12

망부운

백족 민간설화 정율성 오페라

양회석 지음

전남대학교출판문화원

차례

1. 〈망부운〉을 말하는 이유

광주시립오페라단 브랜드공연1
정율성 오페라
망부운

처음 듣는 말임에도 불구하고 '망부운(望夫雲)'이라는 단어가 어쩐지 친숙하게 느껴진다면, 그것은 아마도 '망부석(望夫石)' 덕분이리라. 돌아오지 않는 낭군(夫)을 하염없이 바라보다(望) 그 자리에 선 채로 돌(石)로 굳어버린 여인! 이것이 망부석이니, 망부운은 글자 그대로 돌 대신 구름이 되어 버린 여인일 터이다.

〈망부운〉은 중국 대륙을 사이에 두고 우리와 지리적으로 대척을 이루는 지점에 살고 있는 소수민족 백족(白族)의 민간설화이다. 한민족이 살고 있는 한반도가 중국 대륙의 동북쪽에 있다고 한다면, 백족들이 모여살고 있는 대리백족자치주(大理白族自治州)는 운남성(雲南省)의 한 모서리로 대륙의 서남쪽에 자리 잡고 있다.

정율성은 한반도에서 태어나 주로 중국에서 활동하였던, 항일투사이자 중국 3대 혁명음악가로 알려져 있다. 또 군가와 혁명음악이 그의 음악 세계를 대변한다고 여기기에, 그가 오페라도 썼다는 사실을 아는 사람이 많지 않다. 게다가 그 오페라의 제재가 '특별'하다는 점을 아는 자는 더욱 적다. 정율성은 왜 하필

이면 한민족이 사는 한반도와 정반대쪽에 살고 있는 백족의 민간설화를 주목했던 것일까?

백족은 그 명칭부터 우리에게 어쩐지 낯설지 않다. 유달리 흰색을 좋아해서 우리가 백의민족으로 자처하듯이, 그들 역시 하양을 좋아하기에 자칭 백족이라 일컬어지기 때문이다. 지금은 인구가 겨우 185만 남짓에 불과하고, 대리백족자치주를 중심으로 하는 아주 좁은 지역에 거주하고 있어, 백족은 중국의 전형적인 '소수'민족이라 할 수 있다. 그러나 한때는 남조(南詔)와 대리(大理)라는 왕국을 세우고서, 중원의 당(唐)과 송(宋) 왕조에 당당히 맞섰던 역사를 갖고 있다. 백족이라는 민족적 정체성 역시 이들 두 왕국을 거치면서 형성되었는데, 이는 우리가 통일신라와 고려를 거치면서 한민족이라는 의식을 형성했던 점과 비슷하다. 비록 지금은 중국의 여러 소수민족 가운데 하나로서 전형적인 '소수'의 애잔한 모습이지만, 그들은 여전히 화려한 과거를 기억하고 있다.

높은 창산(蒼山)을 등지고 드넓은 호수 이해(洱海)를 안고 있는 백족의 자치주 대리는 아름다운 곳이다. 그곳에는 겨울이면 특이한 자연현상이 발생한다. 창산의 여러 산봉우리 가운데 유독 옥국봉(玉局峯)에 매번 섣달이 되면 유난히 새하얀 구름 한 줄기가 피어오르는 것이다. 마치 고운 여인이 산봉우리에 서서 이해 호수를 바라보고 있는 것 같아서 뭇 사람들의 눈길을 끈다. 그런데 이 구름이 피어나면 대리 일대에는 사나운 바람이 일고, 호수물이 순식간에 뒤집혀 흰 물결이 하늘을 찌른다. 호수 밑바닥에 있는 노새 모양을 하고 있는 너럭바위(돌 노새)가 물 위로 드러날 때까지 바람이 분다. 이를 백족 사람들은 '망부운'이라 불렀다. 이러한 자연현상에 백족들은 자신들의 화려한 과거와 애잔한 현재를 실었으니, 이렇게 해서 태어난 신화전설이 바로 〈망부운〉이다.

백족의 민간설화 〈망부운〉은 특이한 자연현상인 '망부운'을 이렇게 설명한다. 옥국봉에 피어오르는 구름은 남조 왕국 공주의 화신이요, 호수의 노새 모양의 너럭바위는 공주가 사랑하던 사냥꾼의 화신이라고. 공주와 사냥꾼은 신분을 뛰어넘는 지고지순한 사랑을 조상신의 도움으로 성취한다. 그렇지만 외래 종교와 결탁한 음모 세력에 의해 그들의 사랑은 산산조각이 나고 만다. 그렇지만 공주와 사냥꾼은 이에 굴복하지 않고 구름과 너럭바위가 되어 저항하고 있다고 백족은 믿고 있다.

백족의 생활 터전에서 매년 일어나는 특이한 자연현상을 기반으로 자신들의 화려했던 역사와 애잔한 삶을 담고 있기에, 〈망부운〉은 백족 고유의 설화임에 분명하다. 그런데 이를 보는 중원의 시각은 놀라울 정도로 뜻밖이다. 백족의 고유성을 애써 외면하거나 부정하는 것이다. 심지어 구체적으로 〈망부운〉은 중원의 신화전설인 〈무산신녀〉의 파생물이라고 꼭 집어서 주장하기조차 한다. 원래부터 소수민족은 한족의 영향 하에 있거나 아예 예속되어 있다고 보는 편견이다. '서남공정'이라는 말을 떠올리게 하는 대목이다. 이런 점에서 백족 민간설화 〈망부운〉은 중심과 주변, 다수와 소수라는 현실적 논리를 되돌아보게 한다.

거대 국가 중국의 야망이 결코 과거의 일만은 아니기 때문이다.

정율성은 1957년 중앙민족가무단(中央民族歌舞團)을 따라 운남성을 방문하였을 때, 〈망부운〉을 주목하였다. 그는 쉬쟈뤼(徐嘉瑞)가 장편서사시로 정리한 〈망부운〉에 크게 공감하고서 그와 함께 오페라를 창작하기 시작하였다. 1959년에 극본을 완성하여 두 사람의 이름으로 출판하였고, 1960년에 마침내 작곡을 마쳤다.

정율성은 파란만장한 삶을 살았다. 당시 일본식민지로 전락한 조국에서 태어나, 중국으로 건너가 조국의 독립에 헌신하였다. 마침내 일본이 항복하였지만, 정율성은 고향이 있는 남한으로 돌아오지 못하고 북한으로 파견되었다. 그리고 한국전쟁이 발발하자, 중국 정부의 요청으로 중국으로 돌아가서 여생을 마쳤다. 그가 오페라 〈망부운〉을 썼던 시기는 바로 동족상잔의 비극에 대한 아픈 기억이 여전히 생생하였을 것이다. 게다가 중국 사회는 대중의 실제 삶보다는 이념 투쟁이 강조되는 '극좌'적인 분위기가 휩쓸고 있었다. 조국은 아련하고 현실은 암울했던 것이다. 이를 대하는 정율성의 내심은 어떠했을까? 오페라 〈망부운〉이 그 답을 들려줄 거라고 기대한다.

백족의 민간설화로서의 〈망부운〉이든지 정율성의 오페라로서의 〈망부운〉이든지, 읽고 보는 이로 하여금 많은 것을 생각하게 해준다. 그래서 우리는 〈망부운〉을 넓고 깊게 찬찬히 살펴볼 필요가 있는 것이다.

2. 백족과 민간설화 〈망부운〉

2-1 백족과 사라진 왕국

중국 대륙 서남부에 위치한 운남성에는 한족(漢族) 이외에도 25개의 소수민족이 살고 있다. 백족은 이들 여러 소수민족 중의 하나이다. 백족의 백(白)은 희다는 뜻이어서, 우리 민족을 가리키는 백의민족을 연상시켜 준다. 백족은 총 인구수가 185만 8,063(2000년 기준)이며, 운남성의 대리백족자치주(大理白族自治州)에 약 80%가 모여살고 있다.

중국 한적(漢籍) 자료에 의하면, 원래 북인(僰人), 파인(擺人), 민가(民家) 등으로 불러 왔지만, 흰색을 유난히 좋아하는 민족이기에 그들의 요청에 의해 백족(白族)이라는 공식 명칭이 확정되었다고 한다. 백족은 초기에 운남성으로 내려온 티베트계 기마목축민 문화와 남쪽 타이계의 논벼 경작 문화 두 가지를 받아들였고, 훗날에는 한족 문화와 접촉하며 영향을 크게 받았다.[1] 오래 전부터 작은 규모의 국가 형태를 이루었던 것으로 보이는 이들은[2], 중원이 당(唐)나라였을 적에는 남조(南詔)를, 그리고 송

1) 이하 내용은 다바타 히상오 외 공저, 원정식 외 역, ≪중국소수민족입문≫, 206-209쪽을 중심으로 여러 자료를 참조하여 필자가 정리함.

(宋)나라였을 적에는 대리(大理)라는 통일 왕국을 세워 당당히 중원과 겨뤘던 민족이었다. 특히 남조 시절, 당나라의 20만 군대를 궤멸시킨 이른바 '천보전쟁(天寶戰爭)'은 남조가 중원에 예속된 한갓 '지방정권'이 아니었음을 잘 보여준다.[3] 이처럼 당당하던 백족의 왕국은 13세기 몽골 군대에 의해 대리국이 멸망하여 그 지배 아래에 처하게 되면서부터 점점 역사의 무대에서 사라지고 만다. 특히 명(明)대에 이르면 강력한 한화(漢化)정책이 시행되었던 바, 한족 병사가 대량으로 토착화되면서 한문화의 유입이 한층 심화되었다. 위에서 말한 백족의 별칭인 민가(民家)는 백족 지역에 대규모로 주둔하던 한족 병사와 대를 이루는 개념이다. 즉 군(軍)과 대비를 이룬다는 의미에서 민(民)인 것이다. 아무튼 명나라의 강력한 한화 정책의 결과, 백족은 풍속이나 습관 등의 면에서 한족과 매우 유사하게 바뀌었다.

언어적으로 보면 백족은 티베트·버마 어군에 속하며, 고유 언어인 백어(白語)를 일상어로 사용하지만 다수가 한어(漢語)를 아울러 사용한다. 독립적인 문자는 없고 일찍부터 한자를 차용하였다. 7-8세기경부터 한자를 사용하기 시작했고, 10세기경에는 우리의 이두나 향찰과 비슷한 백문(白文)을 사용했다. 그러나 명대 이후 백문은 쇠퇴해 버렸고, 지금은 '대본곡(大本曲)'이라 불리는 우리의 판소리와 비슷한 설창예술의 대본 등에 사용될 뿐

2) ≪新唐書≫와 ≪舊唐書≫에 의하면, 운남성 지역에 백족 관련 국가가 등장한 시기는 중원의 촉한(蜀漢), 즉 삼국시대이다.

3) 江應梁 주편, ≪中國民族史≫(중), 222-226쪽 참조.

이다. 대중들이 일상에서 활용하는 상용문자가 아니었다는 의미이다. 백족의 일상 언어를 자연스럽게 표기할 수 있는 음성문자(한자의 차용이 아니고, 로마자화한 것)로는 1958년에 '백족문자 방안'이 처음 제정되었고, 이후 몇 차례 수정을 거치면서 이를 보급하고 있는 중이다.[4]

생업은 대리(大理) 분지의 경우 논벼 경작을 위주로 하나, 그 밖의 지역에서는 밀, 옥수수 등도 재배한다. 특산물로는 대리석과 전통 염색 등이 꼽힌다. 우리가 흔히 최고의 석재로 여기는 대리석은 대리에서 나는 돌이라는 의미인데, 고급 건축 자재로 쓰일 뿐만 아니라 각종 공예품으로 가공된다. 전통 염색은 찰염(扎染)이라고 부른다. 전통적 문양을 내기 위해 무명천을 먼저 실로 군데군데 단단히 홀친(扎) 다음 염색 통에 넣는다. 이렇게 염색을 마치고 그늘에 말린 다음 손바느질 했던 실밥을 뜯어내면 각양각색의 기하학적 무늬가 탄생한다. 지금도 현지인은 물론 외지 관광객들이 즐겨 찾는다. 백족은 건축 기술 또한 뛰어나 그들의 전통가옥은 아름다운 것으로 유명하다. 때문에 주변 민족의 가옥이나 사원의 건축에 그들을 목수로 초빙한다고 한다.

인구 숫자로 보면 백족은 중국의 55개 소수민족 가운데 제법 규모가 큰 민족처럼 얼핏 보인다. 아래 도표에서 볼 수 있듯이 14번째에 자리 잡고 있기 때문이다. 그러나 자세히 들여다보면 한때 중원의 제국과 당당히 겨루었던 왕국의 후손치고는 현재

4) 정정덕 옮김, ≪운남성 소수민족의 언어와 문자≫, 170-173쪽.

의 규모는 초라하다. 중국 땅에 거주하는 우리의 교포, 즉 조선족보다도 적으니 말이다.

〈중국 내 소수민족의 인구규모별 분류〉 (2000년 인구통계)[5]

인구규모	해당민족	민족 숫자
1천만 명 이상	장족(壯族, 약 1,618만), 만주족(1,068만)	2
5백만 명 이상 1천만 명 미만	회족(982만), 묘족(894만), 위구르족(840만), 투쟈족(803만), 이족(彝族, 776만), 몽골족(581만), 티베트족(藏族, 542만)	7
1백만 명 이상 5백만 명 미만	부이족(297만), 뚱족(296만), 요족(264만), **조선족(192만)**, **바이족(白族, 186만)**, 하니족(144만), 카자흐족(125만), 리족(125만), 따이족(116만)	9
50만 명 이상 1백만 명 미만	써족(71만), 리수족(63만), 거라오족(58만), 뚱샹족(51만)	4
10만 명 이상 50만 명 미만	라후족(45만), 수이족(41만), 와족(40만), 나시족(31만), 강족(31만), 투족(24만), 무라오족(21만), 시버족(19만), 키르키즈족(16만), 다우르족(13만), 징퍼족(13만), 마오난족(11만), 싸라족(10만)	13
5만 명 이상 10만 명 미만	부랑족(9.2만)	1
1만 명 이상 5만 명 미만	타지크족(4.1만), 아창족(3.4만), 푸미족(3.4만), 어원커족(3.1만), 누족(2.9만), 징족(2.2만), 징족(2.2만), 지노족(2.1만), 더앙족(1.8만), 보안족(1.6만), 러시아족(1.5만), 위구족(1.4만), 우즈베크족(1.2만)	12
1만 명 미만	먼바족(0.9만), 오로첸족(0.8만), 두룽족(0.7만), 타타르족(0.5만), 허저족(0.5만), 고산족(0.4만), 로바족(0.3만)	7

5) 정재남, ≪중국의 소수민족≫, 22쪽에서 재인용함.

다시 백족의 자치주인 대리의 실정을 자세히 들여다보자. 역시 초라할 정도로 좁은 지역이다. 한반도는 물론이거니와 남한에도 크게 미치지 못한다. 게다가 그 지역 안에서조차 백족은 '소수'일 뿐이다. 2015년 기준으로 대리의 인구가 358.44만 명인데, 그 중 한족(漢族)이 가장 많아 172.61만 명을 차지하는 반면, 백족은 121.79만 명에 불과할 따름이다.[6] 나머지는 여러 소수민족이 차지한다. 백족이 차지하는 비중은 겨우 1/3을 넘는 정도이니 '백족자치'라는 말이 무색하다.

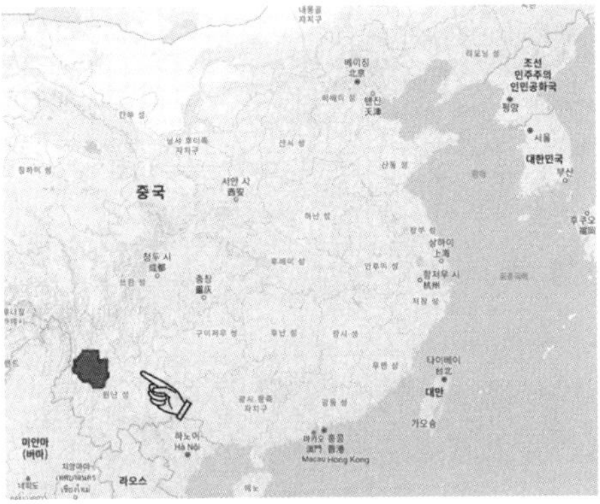

〈대리백족자치주〉 출처: 구글지도

한마디로 백족의 현재 상황은 애잔하기 짝이 없다. 앞서 지적하였듯이 백족은 한때 중원의 왕조와 당당히 겨루는 왕국을 수립한 주인공들이었다. 남조는 13대 왕에 걸쳐 근 250년을 통치하였고, 대리는 22대에 걸쳐 300년을 넘게 통치하였다. 백족이라는 민족의식은 바로 이러한 남조와 대리를 거치면서 형성되었는데, 이는 통일신라와 고려를 거치면서 한민족이 형성된 것과 비슷하다. 또한 남조와 대리의 영토 역시 상당한 크기를 자

6) 〈大理白族自治州2015年國民經濟和社會發展統計公報〉

랑했다. 최소한 한반도를 크게 뛰어넘는 크기의 강토를 보유했던 것이다.

〈백족과 한민족의 간추린 역사〉

	5C		10C	15C	20C	
백족	......육조 →	남조 738-902 →	대리 937-1253 →	원·명·청 ·민국 →	대리백족자치주 (1956)	
한민족	......삼국 →	발해 698-926 → 신라 676-935	고려 917-1392 →	조선 1392-1910 →	일제강점기 1910-1945	남·북한 1945-

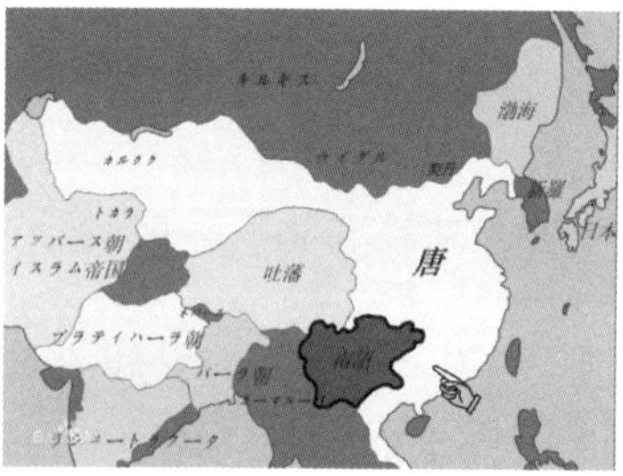

〈남조 영토〉 출처: baidu

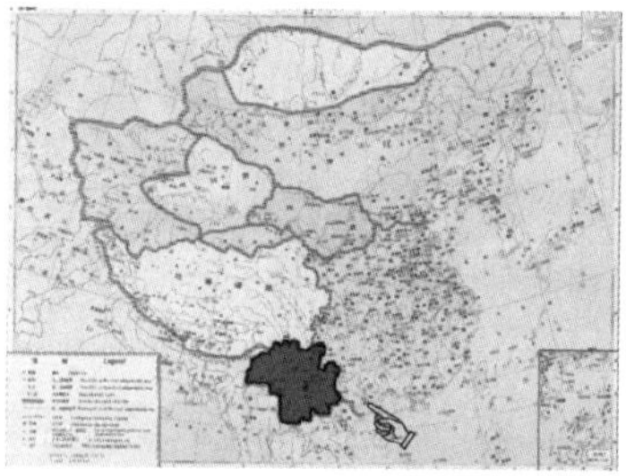
〈대리 영토〉 출처: baidu

역사는 불가사의하다. 당당한 백족의 왕국을 멸망시킨 당사자는 '다수'민족인 한족이 아니었다. 지금은 역시 '소수'민족의 하나에 불과한 몽골족이 백족의 마지막 왕국인 대리(大理)를 멸했던 것이다. 아시아를 넘어 유럽까지 치달렸던 몽골 제국의 막강한 군대 앞에 백족 왕국의 전통이 끊어지고 만 것이다. 한반도는 다행히 그 위기를 극복하고 조선 왕조를 수립하여 명맥을 이어왔지만, 백족의 왕국은 역사 무대에서 영원히 사라지고 말았다.

왕국은 사라졌지만, 백족의 전통문화는 그래도 면면히 이어져 오고 있다. 물론 당연히 자신들의 사라져버린 왕국을 그들은 기억하고 있다. 다만 백족은 자신의 말을 자연스럽게 기록할 고유 문자를 보유하지 못했기 때문에 이러한 기억들을 주로 민간설화로 담아내고 있다. 백족의 구비문학은 그 풍부함으로 유명하지만, 특히 관심을 끄는 것은 이 책의 주요 관심사인 〈망부운〉을 비롯한 〈백왕의 전설(白王的傳說)〉(부록1 참조)과 〈녹각장(轆角莊) 마을〉(부록2 참조)이다. 왜냐하면 이들 설화가 백족 왕국(특히 남조)에 대한 기억을 선명하게 보여주기 때문이다.

백족 최초의 통일국가인 남조는 원래 육조(六詔) 중의 하나였다. 여기서 조(詔)는 백족 말로 '나라' 또는 '왕'이라는 의미이다. 그러므로 육조는 백족이 세운 여섯 나라(실제로는 십여 개에 달했다) 또는 여섯 국왕이라는 뜻이고, 남조는 이들 중 남쪽에 있는 나라(왕)이라는 뜻이다.[7] 아무튼 여러 작은 나라들을 최초로 남조가 통일하였고, 이때부터 백족이라는 민족의식이 형성되었다. 남조의 원래 이름은 몽사조(蒙舍詔)인데, 몽사는 역시 백족의 말로써 용(龍)이라는 뜻이다. 남조는 시조 세나라(細拏羅)부터 시작하여 13대 왕을 거치면서 상당한 규모의 영토를 다스렸다.

7) 江應梁 주편, ≪中國民族史≫(중), 214쪽.

한편 〈백왕의 전설〉은 이러한 백족의 역사 기억을 고스란히 보여준다. 마니차(摩妮差)라는 이름의 여인이 용과 교접하여 아홉 명의 아들을 낳았다. 아들들이 장성하여 키우기 벅차게 되자, 그녀는 아들들을 아버지인 용에게 돌려보내기로 하였다. 여덟 명 아들을 물속으로 보냈다. 이제는 막내(세나라) 차례인데, 그는 어머니와 살겠다고 완강히 버텼다. 그러자 용이 나타나 막내는 국왕이 될 인물이므로 남겨두라고 했다. 훗날 관음보살의 도움으로 국왕이 되었다. 이 전설은 용의 후손인 세나라가 여러 부족국가를 통일하는 과정을 상징적으로 담고 있다. 또 남조가 13대 왕위가 이어진 것도, 세나라가 관음보살의 명으로 나무판을 쪼갤 때, 13 토막을 냈기 때문이라고 설화는 기억하고 있다. 이처럼 백족은 자신들이 용의 후손이고, 관음보살의 가호로 최초의 통일국가인 남조를 이루었다고 기억한다. 비록 중국의 공식적인 입장은 남조를 독립 왕국으로 인정하지 않지만 말이다.[8)]

〈백왕의 전설〉이 남조 왕국의 탄생을 기억하고 있다면, 〈녹각장 마을〉은 남조의 태평성대를 기억하고 있다. 남조 왕실에 어여쁜 공주가 있었다. 장성한 그녀에게 수많은 귀공자가 청혼하였지만 마음에 들지 않았다. 그러던 어느 날 꿈속에서 '피리

8) 중국 당국이 주도하여 출판한 ≪白族簡史≫(96-97쪽)를 잠시 훑어보자. 우선 남조의 첫 국왕의 이름을 細'奴'羅라고 적고 나서, 당나라와는 시종일관 '臣屬' 관계를 유지하였고, 각종 문물제도 역시 '祖國內地'의 것을 직접 또는 간접적으로 이어받았다고 주장하고 있다. 이러한 주장은 앞서 언급한 '천보전쟁'만 보아도 받아들일 수 없다.

부는 젊은이'를 만나게 되고, 그녀는 물소를 거꾸로 타고서 민간 마을을 돌아다니며 '꿈속의 사랑'을 찾아 나섰다. 마침내 녹각장이라 불리는 마을에서 꿈속 피리의 주인공인 나무꾼을 만나 부부가 되지만, 국왕이 이를 쉽게 승인할 리가 없었다. 만약에 그 마을에서부터 궁궐까지 황금 다리와 은 길을 만든다면 받아들이겠다고 국왕이 말했다. 모두들 어쩔 줄 몰랐다. 나무꾼의 어머니는 아예 몸져 누워버렸다. 공주가 몸에 지니고 있던 금붙이를 치료비로 내밀었다. 이를 보는 순간 나무꾼이 말했다. 이것이 황금이라면 내가 나무하는 산속에 널려 있노라고. 공주와 사냥꾼 그리고 어머니 세 사람은 온힘을 모아 국왕의 말대로 금은으로 궁궐까지 길을 만들었다. 기적 같은 일에 깜짝 놀란 국왕은 마침내 공주와 나무꾼을 찾아와 무릎마저 꿇으며 그들의 사랑을 인정했다. 황금을 둘러싸고 전개되는 이 장면은 우리에게도 낯설지가 않다. 선화공주(善花公主)가 내민 금붙이를 보고 이런 것이라면 내가 마를 캐는 곳에 널브러져 있다고 했던 서동(薯童)이 생각나기 때문이다. 서동도 자신이 캐낸 황금 덕분에 신라 국왕으로부터 인정을 받게 되고, 또 민심을 얻어 결국 왕위에 올랐던 것이다.[9] 첨언하자면, 서동 역시 남조의 시조 세나라처

9) ≪三國遺事≫ 권2 "同至百濟, 出母后所贈金, 將謀計活. 薯童大笑曰, 此何物也. 主曰, 此是黃金, 可致百年之富. 薯童曰, 吾自小掘薯之地, 委積如泥土. 主聞大驚曰, 此是天下至寶. 君今知金之所在, 則此寶輸送父母宮殿, 何如. 薯童曰, 可. 於是聚金, 積如丘陵. 詣龍華山師子寺知命法師所, 問輸金之計. 師曰, 吾以神力可輸, 將金來矣. 主作書, 幷金置於師子前. 師以神力, 一夜輸置新羅宮中. 眞平王異其神變, 尊敬尤甚, 常馳書問安否. 薯童

럼 용의 후손이었다.10) 아무튼 〈녹각장 마을〉이 기억하고 있는 남조는 왕실과 백성이 하나가 되는 태평성세였다.

〈망부운〉도 〈녹각장 마을〉과 마찬가지로 역시 평민(사냥꾼)을 사랑한 남조 공주에 관한 이야기이다. 차이가 있다면 〈녹각장 마을〉이 해피엔딩으로 끝난다면, 〈망부운〉은 지고지순한 두 사람의 사랑이 결국 좌절된다는 점이 다르다. 비극으로 끝난다는 점에서 '평강공주와 바보 온달'을 연상시켜준다. 자세한 내용은 제4장에서 다루기로 하고, 우선은 민간설화 〈망부운〉 자체를 읽어 보자. 백족 설화 〈망부운〉이 바로 소수민족 백족의 애잔한 자화상임을 쉽게 알 수 있을 것이다.

아시아 대륙 동북쪽에 자리한 한민족과 서남쪽의 백족은 지리상으로는 대척점에 있으나, 거대 국가(중국)와 맞닿아 있는 '작은' 강토와 '적은' 민족이라는 점에서 닮았다. 그래서인지 모르지만 앞서 소개한 백족의 민간설화는 우리에게도 매우 친숙한 느낌을 준다. 마치 백족과 백의민족이라는 말처럼 말이다.

2-2 민간설화 〈망부운〉

대리(大理)의 산수는 짙푸르고 웅장하여 정말로 사람을 매혹시킨다. 창산(蒼山)에는 열여덟 개의 계곡물이 마치 은팔찌처럼

由此得人心, 卽王位.

10) ≪三國遺事≫ 권2 "武王名璋, 母寡居, 築室於京師南池邊, 池龍交通而生, 小名薯童."

산봉우리 사이에 걸려 있어서 진실로 아름답다. 그곳에는 열아홉 개의 산봉우리가 있는데, 그 중에 하나가 바로 옥국봉(玉局峯)이다. 매 해 선달이 되면, 옥국봉에는 한 줄기 새하얀 구름이 하늘하늘 피어오른다. 마치 말쑥하고 어여쁜 아가씨가 옥국봉 봉우리에 우두커니 서서 이해(洱海) 호수를 바라보고 있는 것 같아서 그 모습이 정말 눈길을 끈다. 그러나 이 구름이 나타나기만 하면 대리 일대는 곧장 광풍이 크게 일어, 잔잔하던 이해 호수물이 순식간에 뒤집히고 흰 물결이 하늘로 솟구친다. 호수 밑바닥의 너럭바위가 물 위로 드러날 때까지 불어대다가, 그런 다음에야 겨우 잦아든다. 신비한 이 구름에는 사람의 마음을 울리는 이름이 있는데, 바로 '망부운(望夫雲)'이다. 그 이름에 대해서 다음과 같은 전설이 전한다.

〈창산의 망부운〉 출처: 大理网 comedali.com

전하길, 일천 년도 넘는 옛날, 남조(南詔) 국왕에게는 매우 아름답고 또 매우 선량한 공주가 있었다. 그녀의 눈은 이해 호수물처럼 밝고, 그녀의 마음은 푸른 계곡물처럼 맑았다. 공주의 나이가 어느새 열아홉이 되었지만, 국왕은 아직 부마를 정하지 못했다. 수많은 귀공자들이 다투어 공주에게 청혼하였으나, 공주가 마음에 들지 않아 어느 누구에게도 허락하지 않았던 것이다.

바로 그 해 봄날, 공주는 '요삼령(繞三靈)'[11] 축제에서 젊은 사냥꾼 한 명을 알게 되었다. 이 사냥꾼은 어려서 부모를 잃고서, 혼자 옥국봉의 동굴에서 살고 있었다. 그의 처지를 안타깝게 여긴 공주는, 잘 생기고 우람한 그의 용모를 보자 마음에 쏙 들었다. 사냥꾼도 공주가 아름다운데다가 사람들에게 상냥하게 대하는 걸 보고서 그녀를 매우 좋아했다.

공주가 사냥꾼에게 반한 이후, 시시각각 그를 그리워했다. 그리운 나머지 낮에는 먹지도 못하고 밤에는 잠도 잘 자지 못했다. 어느 날 국왕이 불쑥 공주에게 말했다. 이제는 그녀를 대장군[12]에게 주기로 했거니와, 길일이 잡히는 대로 혼사를 치루겠다고.

---

11) 백족 전통 축제 중의 하나. '繞山林' '繞桑林'이라고도 한다. 이에 관해서 세 가지 전설이 전하는데 편집위원회, ≪中華民族故事大系≫ 권5, 545-548쪽에 수록되어 있다. 또 그것의 문화적 함의에 대해서는 이 책 제4장 제4절을 참조할 것.

12) 원문은 大軍將으로 남조의 관직 이름. 군대의 고위 지휘관으로, 장군에 해당한다.

뜻밖의 소식을 듣자 공주는 초조해서 밤새 울었다. 두 눈이 퉁퉁 부었다. 다음날 이른 아침 새벽안개가 막 걷힐 무렵, 공주가 창가에서 서서 멍하니 짙푸른 창산을 바로 보고 있는데 그녀의 마음은 얽힌 삼실 같았다. 그 때 어디선가 까치 한 마리가 날아와 창문 앞 나뭇가지에 앉아 깍깍 울어댔다.

더욱 마음이 산란해진 공주가 중얼댔다.

"까치야, 까치야, 네가 내 마음의 수심을 아느냐?"

생각지도 못하게 까치가 머리를 끄덕끄덕 했다. 공주가 허겁지겁 말했다.

"까치야, 그러면 저 옥국봉의 사냥꾼에게 전해다오. 빨리 나를 구하러 와달라고."

까치가 다시 머리를 끄덕끄덕 하더니 날아갔다.

까치는 옥국봉으로 곧장 날아갔다. 그 때 사냥꾼은 운롱봉(雲弄峯)에서 사냥하고 돌아와 굴로 들어가려던 참이었다. 까치가 굴 앞의 물푸레나무에 앉아서 사냥꾼을 향해 깍깍 울어댔다.

사냥꾼이 기이하게 여겨 물었다.

"까치야, 내게 할 말이 있니?"

까치가 대답했다.

"남조 국왕이 공주를 대장군에게 시집보내려고 한답니다. 당신이 빨리 와서 구해달라고 공주가 부탁하셨습니다."

공주를 알고 나서부터, 사냥꾼도 날마다 그녀를 그리워하고 있던 참이었다. 공주가 다른 사람에게 시집간다는 말을 듣자 마음이 마치 불타는 듯 조급하여, 사냥꾼은 활을 메고 산 아래로 달려 내려갔다. 반쯤 갔을까? 머리가 온통 흰 노인 한 분이 등에 광주리를 지고서 다리를 절뚝거리며 앞서 걷고 있었다.

사냥꾼이 노인에게 여쭈었다.

"어르신네, 어디 가십니까? 다리는 왜 그러신지요?"

노인이 대답했다.

"산에 약초를 캐러 갔다가 아차 넘어져 다리를 다쳤다오. 아휴! 날이 어두워지기 전에 집에 갈 수 있을지 모르겠네."

"어르신네, 제가 업고 가겠습니다."

노인이 머뭇대지 않고 업혔다. 사냥꾼은 노인을 업고 서둘러 앞으로 나갔다. 한참을 가다가 노인이 사냥꾼에게 물었다.

"젊은이, 이리 급히 가는데, 무슨 일이요?"

사냥꾼은 이 노인이 무척 사근사근하기에 공주를 구하러 가는 일을 그에게 다 털어놓았다.

"궁궐 성벽이 얼마나 높고, 게다가 경비병이 얼마나 삼엄한지 아는가? 자네가 이렇게 간들 공주를 어떻게 구해 나오겠어?"

"어르신네, 그러면 제가 어떻게 해야 구할 수 있을까요?"

노인이 잠시 생각하더니 그에게 말했다.

"봉안동(鳳眼洞) 가파른 절벽 위에 복숭아나무 한 그루가 자라고 있다네. 그 나무의 열매를 하나 먹으면 자네는 공주를 구해낼 재주를 갖게 될 걸세. 하지만 그 복숭아를 따는 게 쉽지가 않아. 아직 어느 누구도 딴 적이 없다네."

"공주만 구해낼 수 있다면 더 큰 어려움도 저는 두렵지 않습니다."

사냥꾼이 대답을 마치자 갑자기 등이 가벼워졌다. 돌아다보니 업고 있던 노인이 흔적도 없이 사라지고 없었다. 이는 틀림없이 창산의 산신령이 도와주신 것이라고 사냥꾼은 생각하고서, 산을 향해 넙죽 절을 하고 곧장 봉안동으로 달려갔다.

사냥꾼이 봉안동에 도착하여, 선인상(仙人床) 바위에 서서 내려다보았다. 수직 낭떠러지가 만 길 골짜기까지 뻗어있었다. 가파른 절벽 위에 정말로 복숭아나무가 한 그루 자라고 있고, 푸른 잎 사이로 붉은 열매가 반짝이고 있었다. 절벽을 거꾸로 기어 내려가는 것은 위험천만한 일이었다. 자칫 실수하면 온 몸이 산산 조각날 판이었다. 그러나 공주를 구하기 위한 일이니 사냥꾼은 한 치도 주저함도 없이 기어 내려갔다. 겨우 겨우 그 복숭아나무에 도달했다. 크고 붉은 복숭아 하나를 따서 먹기 시작했다. 복숭아를 삼키자마자 온몸의 피로가 싹 가셨다. 그가 살며시 발을 들자, 뜻밖에 유유히 몸이 허공으로 날아올랐다! 바로 이날 밤, 사냥꾼은 달빛을 타고 궁궐로 들어가 공주를 데리고 옥국봉으로 날아갔다.

공주는 옥국봉에서 사냥꾼과 부부가 되었다. 그들은 낮에는 함께 사냥하고 함께 밭을 갈았으며, 저녁에는 함께 노래하고 함께 춤을 추었다. 그들이 사는 동굴 앞에는 귀엽게 웃는 용녀화

(龍女花)와 살랑살랑 춤추는 소형화(素馨花)가 가득 자라고, 또 진달래와 동백꽃도 피어있었다.

공주가 없어진 뒤, 남조의 국왕은 그녀를 찾으라고 사람들을 도처에 내보냈다. 하지만 공주가 간 곳을 찾을 수가 없었다. 몹시 초조해진 국왕은 나전(羅荃) 법사를 불러 상의하고자 하였다. 나전 법사는 해동(海東)[13]에 있는 나전사(羅荃寺)의 고승(高僧)으로, 사람 됨됨이가 간사하고 각종 법술을 부릴 줄 알았다. 궁궐에 들어서자마자 나전 법사는 국왕에게 아뢰었다. 진즉 사찰의 천경각(天鏡閣)에서 신묘한 등불로 공주와 사냥꾼이 옥국봉에 있다는 것을 알아냈노라고.

남조의 국왕은 이 말을 듣자 화가 나서 반나절이나 말을 잇지 못했다. 이런 생각이 들었던 것이다. 당당한 남조 왕국의 공주가 한갓 사냥꾼에게 시집을 가다니, 그럼 내가 얼굴을 어디다 둘 수 있단 말이냐? 라고. 또 이런 생각도 들었다. 제 딸 하나 간수하지 못한다면 앞으로 수많은 백성들을 어찌 다스릴 수 있겠느냐? 라고. 생각할수록 화가 나는 일이었다. 대장군에게 명령했다. 인마(人馬)를 이끌고 창산으로 가서 공주과 사냥꾼을 당장 잡아들이라고.

13) 지명. 이해(洱海) 호수 동쪽이라는 의미. 여기서 해(海)는 호수라는 뜻.

나전 법사가 국왕께 아뢰었다.

"사냥꾼은 남다른 재능을 갖고 있습니다. 군대를 일으키고 대중을 동원하더라도 그들을 잡을 수 없을 것입니다. 뿐만 아니라 이런 일이 알려지면 백성들이 웃을 것입니다. 역시 제가 법술을 부려서 그들을 제압하게 해주십시오."

그래서 나전 법사는 까마귀 한 마리를 창산으로 보내 말을 전하도록 했다.

어느 날, 사냥꾼과 공주가 동굴 집 앞에 앉아 노래를 부르고 있었다. 갑자기 까마귀 한 마리가 날아와, 날개 짓을 하면서 그들에게 말했다. 속히 공주님이 궁으로 돌아오시도록 하려고 나전 법사가 자신을 보냈노라고. 또 말을 이었다. 만약 돌아가시지 않는다면 법사가 큰 눈으로 창산을 봉쇄하여 공주와 사냥꾼을 산 속에서 산채로 얼어 죽게 만들 것이라고.

공주가 까마귀에게 대답했다.

"나는 이미 사냥꾼의 아내가 되었단다. 죽든지 살든지 그이와 함께 할 거야."

까마귀가 돌아간 뒤, 순식간에 맑던 하늘이 어두워지더니, 북풍이 휙휙 불어대고 손바닥만 한 눈송이가 날리기 시작하였다. 눈발이 갈수록 커져, 대리 들판 전체를 하얗게 만들고 창산을 온통 뒤덮어 버렸다. 그들의 동굴 집 입구에도 키가 넘을 정도로 눈이 가득 쌓이고, 뼛속을 파고드는 찬바람이 밀려들어왔다.

동굴 앞을 가리던 짐승 가죽이 바람에 날아가 버리고, 문처럼 입구에 걸쳐있던 나무도 눈에 눌려 주저앉고 말았다. 거센 바람에 모닥불도 피울 수 없었다. 궁궐 안에서 곱게 자란 공주로서는 도저히 견딜 수 없는 혹한이었다. 공주는 추워 온 몸을 사시나무 떨 듯 했다.

사냥꾼은 매우 마음 아파하며 공주에게 말했다.

"나전 법사에게 팔보가사(八寶袈裟)가 있는데, 그걸 입으면 여름엔 시원하고 겨울엔 따뜻하다 하니, 내가 가서 가져 오리다. 그래야 이 눈보라를 이겨낼 수 있으리라."

공주가 걱정이 돼서 말했다.

"나전 법사가 바로 우리를 해치기 위해 눈보라로 이 창산을 봉쇄하고 있어요. 나전 법사의 가사를 훔치러 가신다고요? 제 발로 올가미에 빠지는 셈인데요. 역시 가지 않는 게 좋겠어요."

사냥꾼이 공주를 달랬다.

"얼마나 많은 승냥이, 이리, 표범이 내 손에 죽었소? 그깟 법사쯤이야 대수겠소! 걱정하지 마시오, 속히 다녀오리다."

동굴 앞으로 걸어가 두 팔을 펼치고 사냥꾼은 훌쩍 허공으로 뛰어오르더니, 눈보라를 헤치고 해동으로 날아갔다. 나전사까지 날아가서 사냥꾼은 나전 법사의 자리 뒤에 걸려있는 팔보가사를 집어 들어 허리에 묶은 뒤, 옥국봉을 향해 날기 시작했다. 이해 호수 위를 날고 있을 무렵, 나전 법사가 돌연 절에서 추격해

왔다. 한편으로 주문을 외고 한편으로 부들방석을 사냥꾼을 향해 냅다 던졌다. 부들방석이 사냥꾼의 등에 맞자, 사냥꾼은 화살에 맞은 큰 기러기처럼 허공으로부터 떨어져 내렸다. 호수 바닥까지 곤두박질치더니 노새 모양의 너럭바위가 되었다.

한편 공주는 눈보라를 맞으며 동굴 입구에서 낭군이 돌아오기를 기다렸다. 새벽부터 밤중까지, 한 밤중부터 날 새기까지 기다리고 기다렸지만 남편의 모습은 도무지 보이지 않았다. 그녀가 초조해 죽을 지경일 무렵, 나전이 보낸 까마귀가 말을 전했다. 사냥꾼은 법사가 때려 죽여 호수에 빠뜨렸거니와, 이제는 '돌 노새'가 되어 영원히 물밑에 잠겨 있을 거라고. 공주는 너무나 가슴이 아팠다. 며칠 뒤, 그녀는 슬픔과 분노에 쌓인 채 굴속에서 죽어갔다.

공주가 죽은 뒤 한 줄기 정기(精氣)가 옥국봉 꼭대기에서 피어오르더니 흰 구름으로 변했다. 흰 구름은 오르락내리락 하면서 마치 호수 깊은 곳을 살펴보는 듯 했다. 이 때 호수 위에도 흰 구름이 피어올라, 산봉우리의 구름과 멀리 호응했다. 그러자 갑작스레 일진광풍(一陣狂風)이 일어 거대한 흰 물결을 일으켰다. 호수 물이 갈라지면서 '돌 노새'가 드러나자 풍랑이 멈추었다.

이로부터 매 해 한겨울이 되면 옥국봉 봉우리에 나타나는 이 흰 구름을 '망부운(望夫雲)'이라 불렀다.

정리: 양경문(楊慶文)

부기

'망부운'에 관한 설화에는 비교적 여러 판본이 전하지만 크게는 같다. 다른 점을 들자면, 여 주인공이 공주라는 것도 있고 궁녀인 것도 있다. 또한 줄거리도 제법 차이가 있어, 비교적 단순한 것도 있고 사뭇 복잡한 것도 있다. 이야기는 사냥꾼과 공주의 순결한 사랑을 구가한 것 이외에, 또한 이해 지역의 원시 종교와 불교의 투쟁을 반영하고 있다. 원시종교는 비록 억압을 받았지만, 저항을 멈춘 적이 없었다.[14)]

참고문헌

詹承緒 張旭, ≪白族≫, 民族出版社, 1987.

집필위원회, ≪白族簡史≫, 民族出版社, 2008.

李纘緒·楊應新 主編, ≪白族文化大觀≫, 昆明, 雲南民族出版社, 1999.

다바타 히상오 외 공저, 원정식 외 역, ≪중국소수민족입문≫, 현학사, 2006.

江應梁 주편, ≪中國民族史≫(중), 民族出版社, 1990.

정정덕 옮김, ≪운남성 소수민족의 언어와 문자≫, 제이엔씨, 2006.

정재남, ≪중국의 소수민족≫, 살림, 2008.

편집위원회, ≪中國民間故事集成≫, 〈雲南省(上)〉, 中國ISBN中心.

편집위원회, ≪中華民族故事大系≫, 上海, 上海文藝出版社, 1995.

≪三國遺事≫

14) 백족인 楊華軒이 구술하고, 역시 백족인 楊慶文이 1981년 채록한 것으로, 편집위원회, ≪中華民族故事大系≫ 권5, 556-561쪽에 실려 있다. 같은 내용이 편집위원회, ≪中國民間故事集成≫, 〈雲南省(上)〉, 711-713쪽에도 실려 있다. 이상 두 자료에 근거하고, 약간의 윤색을 보태어 번역했다.

3. 정율성과 오페라 〈망부운〉

3-1 정율성과 아련한 조국

근래에 정율성에 대한 사회적 인식이 높아지고 있다. 특히 그의 탄생지로 주목받고 있는 광주에서는 그를 기리는 음악회와 학술 행사가 해마다 개최되면서, 이 지역 사회에서 정율성은 더 이상 낯선 이름이 아니다. 무감각한 시민이 아니라면 정율성은, 한반도의 시각으로 보면 1930-1940년대 중국 대륙을 무대로 삼아 조국 광복을 위해 투쟁한 '항일 음악가'이고, 중국의 눈으로 보면 중국 대륙의 해방과 혁명에 투신한 '국제주의 전사'이자 중국의 '3대 혁명음악가' 중 한 사람이라는 사실을 안다. 아울러 시내 곳곳에 그와 관련된 표지가 서 있음을 발견하게 된다.

또한 정율성의 고향인 광주에서 본격적으로 정율성을 기리는 국제적 이벤트를 기획할 경우 한·중 우호교류 뿐만 아니라, 남·북한의 문화교류와 화해무드에도 일조할 것이라는 언론 보도를 종종 접하여 온다. 좀 더 구체적으로 정율성을 문화상품으로 개발하면 13억 중국인을 관광객으로 끌어들일 수 있다는 핑크빛 청사진이 제시되기도 한다.

게다가 2019년 올해에는 그가 작곡한 오페라 〈망부운〉이 그의 고향인 광주의 무대에서 광주시립오페라단에 의해 공연된다.

물론 많은 사람들이 큰 기대를 보이고 있지만, '혁명음악가'인 그가 왜 〈망부운〉을 썼는지에 대해서 제대로 이해하는 사람은 거의 없다. 기실 어쩌면 우리는 그에 대해서 아직도 잘 모르는 것은 아닐까? 그가 고향 광주에서 태어난 지 올해로 한 세기가 넘었다. 그리고 그가 오페라 〈망부운〉을 작곡한 지도 어느새 60년이 되어간다. 여전히 우리는 그에 대해서 알아야 할 것이 많다. '천 리 길도 한 걸음부터'인 법, 정율성에 관한 충분한 이해가 전제되어야 하는데, 무엇보다도 우선 중국에서 정율성을 어떻게 바라보고 있는지를 냉철하게 검토해 볼 필요가 있다. 왜냐하면 그가 활동한 지역이 주로 중국이었으며, 그에 대한 기록과 평가 역시 주로 중국에서 시작되었기 때문이다.

정율성은 현재 중국의 심장인 북경 외곽의 팔보산(八寶山) 혁명공묘(革命公墓)에 쟁쟁한 중국의 국가 지도자 그리고 국제주의 전사로 칭송받는 외국인들과 더불어 안장되어 있다. 국무원의 비준에 의하여 입주 자격이 주어진다는 점에서, 그의 묘지를 지키는 다음 비문은 그에 관한 중국 정부의 공식적인 기록으로 보아도 무방하리라.

> 정율성 동지는 1914년 음력 7월 7일 조선 전라남도 광주의 혁명 가정에서 태어났다. 소년 시기에 반일애국독립운동에 참가하였다. 1933년 중국에 와서, 선후에 걸쳐 남경·상해 일대에서 항일구국 활동에 종사하였다. 1937년 10월 연안으로 가서, 1939년 1월

> 중국공산당에 가입했다. 그는 자신의 일생을 중국 인민의 혁명과 건설 사업에 바친, 충성스런 국제주의 전사였다. 1976년 12월 7일 북경에서 별세했다. 향년 62세였다.
>
> 1997년 4월 1일 삼가 세움

간략한 기록이지만 이를 다시 간추리면, 그는 자신의 일생을 중국 인민의 혁명과 건설 사업에 바친, 충성스런 '국제주의 전사'가 된다. 음악적 측면에 대해 전혀 언급이 없는 점이 뜻밖이다.

음악가로서의 정율성에 대한 공식적인 기록은 ≪중국대백과사전≫이 대표적이라 할 수 있다. 왜냐하면 국무원의 결정으로 각계 전문가를 총동원하여 편찬한, 국가적 학술 프로젝트의 결과물이 ≪중국대백과사전≫이기 때문이다. 〈음악·무용〉 권에서 정율성에 대해서 다음과 같이 적고 있다.

> 중국의 작곡가. 원명 정부은(鄭富恩), 원적 조선. 1918년 8월 13일, 조선 전라남도 광주 양림정(楊林町)의 빈농 가정에서 태어나, 1976년 12월 7일 북경에서 병사하였다. 그의 큰형과 둘째형은 조국의 해방 사업을 위하여 목숨을 바쳤는바, 이것이 정율성으로 하여금 어려서부터 애국주의 정신의 교육을 받도록 하였다.
>
> 1933년 봄, 정율성은 한 무리의 조선 진보청년들과 함께 중국 남경에 와서, 조선혁명조직인 의열단이 개설한 조선혁명간부학교에 들어가 수학하였다. 1934년 겨울에 졸업한 후, 의열단에 남아 비밀 항일공작에 종사하였다. 동시에 그는 남경에서 피아노와 바이올린을 배우고, 매주 상해에 가 외국 출신의 성악 교사에게 노

래를 배워, 비교적 좋은 성악 기교를 보유하였다. 이후, 그는 중국 인민의 항일구국 노래운동에 참가하고, 이로써 시엔싱하이(冼星海)를 알게 되어, 음악 창작 면에서 시엔싱하이의 도움과 격려를 얻었다. 1937년 초, 정율성은 상해에서 조선민족해방동맹에 참가하였다. 중일전쟁 폭발 후, 그는 항일선전활동에 투신하고, 아울러 자신의 첫 번째 가곡 〈전투부녀가〉를 창작하였다.

1937년 10월, 정율성은 연안에 도착하여, 전후에 걸쳐 섬북공학과 연안노신예술학원 음악과에서 학습하였다. 1938년 8월, 항일군정대학 정치부에 배속되어 음악 지도를 담당하였다. '항대(抗大)'가 전방으로 이동하자, '노예(魯藝)'로 돌아와 성악 교원을 맡았다. 이 시기의 주요 창작은 다음과 같다. 1938년 4월에 쓴 가곡 〈연안송〉, 이 노래는 세상에 나오자마자 연안에서 전국으로 신속하게 전파되어, 수많은 진보적인 청년들이 연안으로 달려와 혁명에 투신하는 데 직접적인 격려 작용을 하였다. 1939년말 완성된 〈팔로군대합창〉(원명 〈팔로군에 바치는 군가 합창집〉)은 6수의 가곡으로 구성되어 있는데, 그 중 〈팔로군행진곡〉(후에 〈중국인민해방군행진곡〉으로 개명)과 〈팔로군군가〉는 매우 널리 불린 인민군대 군가이다. 이외 가곡 〈연수요(延水謠)〉와 〈신산가(新山歌)〉 그리고 대합창 〈항일기병대〉 등이 있다. 1942년 8월, 정율성은 태항산 팔로군 사령부로 파견되어 일하고, 화북조선혁명군정학교의 교육장을 담당하며, 일찍이 여러 차례 전투에 참가하였다. 1944년 1월, 연안으로 돌아왔다. 이 시기의 주요 작품은 가곡 〈우리의 행진곡〉 〈일본반전동맹가〉 등이 있다.

1945-1950년, 정율성은 조선으로 돌아가 일하면서, 조선인민군구락부 부장과 협주단 단장 등의 직책을 역임하였다. 이 기간, 조선인민의 투쟁과 중조우의를 찬양한 〈조선인민군행진곡〉 〈중조

> 우의(中朝友誼)〉와 대합창 〈두만강〉 〈동해어부〉 등 수많은 작품을 작곡하였다.
>
> 1950년 정율성은 북경에 정착하고 중국 국적에 편입되었으며, 전후에 걸쳐 북경인민예술극원, 중앙가무단에서 음악 관련 일에 종사하였다. 그는 공장과 농촌 그리고 변방에 깊숙이 들어가 노동자와 농민 그리고 병사를 위하여 창작하면서, 다량의 음악 작품을 작곡하였다. 그 중 비교적 중요한 것으로는 다음과 같은 것이 있다. 가곡 〈중국인민지원군행진곡〉 〈벌목의 노래〉 〈흥안령에 눈꽃이 날리네〉 〈강대한 함대가 바다를 행진 하네〉 〈우리는 너무나 행복해요〉 〈별 노래〉 및 오페라 〈망부운(望夫雲)〉 등이다.
>
> 정율성은 일생동안 300여 수의 각종 성악 체재의 음악 작품을 창작하였다. 그는 음악형상으로부터 창작을 고려하여, 정확하고 선명하며 생동적인 음악언어를 찾고자 힘썼다. 그의 음악 풍격은 솔직하고 순박하며, 분방하고 소탈하며, 격정이 넘친다. 그는 민간음악 소재와 외래 음악 요소를 융합하여 자신의 소박하고 유창하며 우미하고 친근한 선율 특징을 형성하였다.[1]

대체로 다섯 시기, 즉 한반도에서의 소년 시기(1918-1933), 남경 일대에서의 항일운동 시기(1933-1937), 연안에서의 항일투쟁 시기(1937-1945), 북한에서의 활동 시기(1945-1950), 신(新)중국에서의 활동 시기(1950-1976)로 나누어, 음악 활동을 중심으로 그의 행적을 개괄한 다음, 마지막으로 구체적인 평가를 유보한 채 그의 음악적 특성만을 객관적으로 제시하고 있다. 일반

1) 편집위원회, ≪中國大百科全書≫, 中國大百科全書出版社, 1992. 853-854쪽.

적으로 알려진 내용과 큰 차이가 없지만 다만 비문과 달리 출생 년도를 1918년으로 적고 있다.[2)]

〈정율성〉

2) 그의 가족(미망인과 딸)이 1918년생으로 기억하고 있고, 그리고 그의 생일인 음력 7월 7일이 양력으로 8월 13일인 해가 바로 1918년일 뿐만 아니라, 여러 지인들의 증언 역시 이를 뒷받침해준다. 예컨대, 歐陽山尊은 1938년 정율성을 처음 만났을 때 당시 자신은 24세, 정율성은 20세였다고 적고 있고(〈四十年交往, 半輩子合作〉), 羅青은 1936년 '南京五月文藝社'에서 그와 함께 항일구국 활동을 시작하던 때 자신은 36세, 정율성은 17세의 청소년이었다고 적고 있다(〈五月之歌〉). 한편 김성준(〈鄭律成의 음악활동에 關한 硏究〉)은 호적의 기록과 신흥중학교 학적부에 근거하여 1914년이라 주장한다. 그는 정율성이 9세가 되던 해 1922년 광주 숭일소학교에 입학하고, 졸업 후 1년간 휴학한 뒤 1929년에 전주 신흥중학교에 입학하였다고 추산하고 있으나, 당시 소학교의 수업연한이 4년이었음을 감안하면, 소학교 졸업과 중학교 입학 사이 간격이 지나치게 커 받아들이기 어렵다. 그러나 현재 일반적으로 1914년으로 보고 있다. 더 정확한 고증은 후일로 미루고 우선 따르기로 한다.

사회주의 국가의 문예는 정치에 봉사하여야 한다고 규정하고 있기 때문에 중국에서 문예 작품과 작가에 대한 평가는 통상 국가 지도자나 고위 관료의 발언이 일정한 준거 역할을 하는 경우가 많다. 정율성의 경우도 마찬가지이다. 모택동의 비서를 지냈고 훗날 공산당 총서기를 역임하였던 후야오방(胡耀邦)은 1976년 그의 장례식에 참석하여 다음과 같이 그를 평가하였다.

> 정율성은 좋은 동지이다. 그는 린뱌오(林彪)와 '사인방(四人幇)'을 적대시하며, 애증이 분명하였다. 연안 시기에 그의 노래는 절정에 도달하였다. 그는 중국 인민의 해방사업과 혁명투쟁에 대하여 매우 큰 공헌을 하였다.

연안(延安) 시기에 노래가 절정에 도달하였다는 지적은 〈연안송〉과 〈팔로군행진곡〉 등을 염두에 둔 발언이지만, 그에 대한 평가는 음악적 측면보다는 주로 해방과 혁명, 즉 정치적 측면에 집중되고 있다.

한편 일찍이 음악 방면에서 정율성을 평가한 고위 관리로는 왕전(王震)이 대표적이다.

> 정율성은 니에얼(聶耳)과 시엔싱하이(冼星海)의 뒤를 잇는, 걸출한 우수 작곡가로, 중국 무산계급 혁명음악 사업의 개척자 중 한 사람이다.

1988년 국가 부주석을 지낸 왕전이 정율성을 만난 곳은 정율성이 〈연안송〉을 작곡하며 활동하던 연안이었다. "노예(魯藝)에 젊고 재주가 많은 작곡가가 있는데, 정율성이라고 한다."는 모택동의 직접적인 소개로 정율성을 알게 된 왕전은 그 후 줄곧 그와 우호적 관계를 유지하였던 것으로 알려지고 있다. 위의 글은 정율성 사후 그를 기념하는 문집에 서문으로 쓴 것인데,[3] 니에얼과 시엔싱하이와 더불어 정율성을 3대 혁명음악가로 꼽고 있다.

1986년 정율성 서거 10주년을 기념하기 위해 길림성 연변 조선족자치주는 음악회와 학술토론회를 개최하였다. 중국음악가협회 부주석을 역임한 스러멍(時樂濛)은 토론회의 논의를 총괄하며 정율성과 그의 음악에 대하여 다음과 같은 일치된 결론에 도달하였다고 밝히고 있다.[4]

> 1. **민족음악전통을 뜨겁게 사랑하였다**. 민간음악은 그의 전체 창작 생애 중 마치 무형의 지렛대처럼 그를 추동하고 계도하였다. 그러나 그는 결코 전통을 자신을 속박하는 틀이나 교조로 간주하지 않았으며, 더욱이 단순히 민족 특색을 추구하기 위하여 민간음악에 대하여 '형사(形似)'의 값싼 모방을 채택하지 않고, '신사(神似)'의 심미요구로써 전통을 발전시키고 전통을 창조하여 고유한 전통과 시대정신을 본질적으로 하나로 융합하였다.
>
> 2. **모택동의 〈연안문예강화〉의 기본원칙을 창작의 지침으로 삼았다**. 그는 인민을 뜨겁게 사랑하고 인민을 잘 알았으며, 생활

3) 〈懷念鄭律成同志(代序)〉, 1981년. 丁雪松 등, ≪作曲家鄭律成≫, 1-2쪽.

4) 〈鄭律成作品學術研討會小結〉, 1986년. 張非 등, ≪論鄭律成 - 鄭律成音樂作品研討會論文集≫, 154-156쪽.

을 뜨겁게 사랑하고 생활을 잘 알았다. 각종 인물과 생활을 창작 제재로 삼아, 위대한 역사 시대를 기록하였다. 그의 우수한 작품은 명실상부하게 세계 음악의 숲에 나란히 설 수 있다.

3. **니에얼과 시엔싱하이의 혁명전통과 창신 정신을 계승 발양하여, 자신의 특색과 풍격을 형성하였고, "니에얼과 시엔싱하이의 뒤를 잇는, 걸출한 우수 작곡가로, 중국 무산계급 음악사업의 개척자 중 한 사람이다."** (왕전, 〈정율성 동지를 그리며〉) 특히 부대가곡 창작 영역에서 새로운 길을 개척하여 전 민족의 양강미(陽剛美)를 창조하여서, 더욱이 뛰어난 군사 제재의 작곡가가 되었다. 어떤 동지가 말하기를, "그는 자신의 뒤에 인공으로 세울 수 없는 진정한 기념비를 남겼다."라고 하였는데, 이 평가는 공정한 것이다.

4. **그는 생각이 예민하고 애증이 분명하였다**. 10년 대재난(문화대혁명: 필자) 기간, 그는 명확히 지적하였다. 결코 무슨 대혁명이 아니라, 대 손상이자 대 파괴이라고. 절대로 '사인방'을 위해 공덕을 찬양하지 않았고, 또 '사인방'과 단호하게 투쟁했던 그의 고귀한 품성은 매우 사람을 감동시켜 분발하게 한다.

5. **그는 굳건한 공산주의 신념, 무산계급세계관과 혁명가의 드넓은 도량으로써, 명리와 사념을 버리고, 온 힘을 다 바쳐, 인민을 위하여, 조국을 위하여 평생 분투하였다**. 우리나라(중국: 필자)의 혁명 사업을 위하여 탁월한 공적을 수립하여, 우리나라 음악사에서 응분의 숭고한 지위를 얻었다.

위의 평가는 다섯 항목에 걸쳐 정율성의 음악과 생애를 평가하고 있지만, 골격은 후야오방과 왕전이 제시한 준거를 고스란히 답습하고 있다. 음악에 관한 3은 왕전의 견해와, 생애에 관한 4와 5는 후야오방의 견해와 기본적으로 일치한다. 아무튼 이로

〈정율성과 그의 모친, 북경에서〉

써 보면 정율성과 그의 음악에 대한 공식적인 평가는 매우 높았음을 알 수 있다.

여기에서 유념할 점은 정율성을 철저한 중국인으로 파악하고 있다는 사실이다. 지인의 기억에 의하면 그는 유창한 중국어 실력에도 불구하고 조선어 어조가 짙게 배인 말투로 자주 고향 이야기를 되풀이하였다. 또 김치를 즐겨 먹었고 타국에서 돌아가신 어머님을 언젠가는 꼭 고향 선산에 고이 모시겠다고 다짐하였다. 그런 '조선인' 정율성의 모습은 흔적마저 보이지 않는다. 또 그의 대표작 〈연안송〉에 조선 민가의 음조가 서려있다[5]는 지적이 있음에도 불구하고, 그의 군사 제재의 가곡에는 조국광복을 갈망하는 소망이 배어 있음[6]에도 불구

5) 梁茂春, 〈鄭律成論〉, "〈延安頌〉的旋律吸收了朝鮮民歌(特別是象〈落花岩〉等民歌)的音調特點, 也借鑒了西洋抒情曲的音樂風格." 張非 등, ≪論鄭律成 - 鄭律成音樂作品研討會論文集≫, 2-18쪽.

6) 〈八路軍大合唱〉의 작사가 公木이, 작품이 완성된 뒤 두 사람이 나눈 대화를 다음과 같이 기억하고 있는데, 좋은 사례이다. "정율성: 가사에 곡을 달았으니, 범에 날개를 달아주는 격입니다. 공목: 범에 날개를 달아준다는 것은 좋은 의미가 아닙니다. 정율성: 상관하지 마세요. 우리의 범은 일본 놈을 먹고, 반동파를 먹는 범이니, 날개를 달아줘, 더욱 사납고 더욱 매섭고 더욱 지독한들, 뭐 나쁠 게 있겠어요?" 〈'八路軍大合唱'是怎樣產生的〉 丁雪松 등, ≪作曲家鄭律成≫, 154-160쪽.

하고, 그는 중국 민간음악을 지렛대로 삼아 모택동의 지침을 준수하며 중국의 혁명을 구가한, 철저한 '중국'의 음악가가 되어 있는 것이다. 마치 철두철미한 중국인인 듯하다.

중국 측 공식 기록과 평가는 그를 철저한 중국인으로 파악하고 있어 아쉽지만 최소한 '표면적'으로는 정율성과 그의 음악 자체에 대해서 높은 점수를 부여하고 있다. 그러나 이러한 '높은' 평가가 실제로 현실화되었었던 것은 결코 아니다. 앞서 지적하였듯이 정율성은 니에얼과 시엔싱하이의 뒤를 잇는 대표적인 작곡가로 꼽히는데, 시기적으로는 뒤를 잇지만 어떤 면에서는 오히려 앞선다고 할 수 있다.

23세의 나이로 요절한 니에얼은 겨우 37편의 가곡만을 창작하였고 시엔싱하이 역시 250여 편의 음악 작품을 남기고 있는데 반하여 정율성의 작품은 훨씬 많아 무려 360여 편에 달하고 있어 일단 양적으로 보면 가장 많다. 또 니에얼이 현재 중국의 국가인 〈의용군행진곡〉을, 시엔싱하이가 중국의 해방 역사를 담아낸 〈황하대합창〉을 남겼다면, 정율성은 혁명 성지를 전국에 알린 〈연안송〉과 중국인민해방군의 군가인 〈팔로군행진곡〉을 작곡하였다.

양으로 보거나 영향력으로 보거나 정율성은 당당히 그들과 필적할 만하다. 그럼에도 불구하고 ≪중국대백과사전≫이 이들에게 할애하고 있는 편폭의 현격한 차이(시엔싱하이의 1/5, 니에얼의 1/3)에서 짐작할 수 있듯이 사후 3대 음악가에 대한 실제적 예우는 천양지차이다. 두 사람의 경우는, 그들을 기리는 각종 기념물(박물관·기념관·동상·음악관·거리·공원 등)이 즐비하지만 정율성은 아무것도 없었다. 뒤늦게 2009년 하얼빈에 정율성기념관이 건립되기 전까지 그에 대한 칭송은 공허한 구두선에 지나지 않았다. 혹 그가 조선인이었기 때문은 아닐까? 그는 공식적으로는 중국인이지만 중국은 그를 여전히 '이방인'으로 보고 있었는지도 모른다. 국적이 중국으로 되어 있다고 해서 그가 중국을 '조국'으로 여길 수 있었는지는 여전히 의문이다.

그렇다면 그의 생전에 그가 받은 처우는 어떠했을까? 사실 그는 응분의 예우와 대우를 받은 적이 한 번도 없었다. 연안에 있던 시절에 일찍이 '특무(特務: 스파이)'로 몰렸던 것을 시작으로 하여 문화대혁명 기간에 '우파(右派)'로 몰려 창작 권리를 박탈당할 때까지 시종일관 그에 대한 사회적 시선은 명성과 오히려 반비례하는 것이었다. 1930년대 초중반 상해(上海)에서 크리노와(Krenowa) 소련 교수에게 정율성과 함께 성악을 배웠고, 〈연안송〉을 정율성과 함께 불러 모택동을 비롯한 국가 지도자의 극찬을 받으며 '연안의 나이팅게일'로 불렸던 탕룽메이(唐榮枚)의 증언은 이 점을 극명하게 증언한다.

> 음악계는 그를 충분히 존중하지 않았다. 각양각색의 인위적인, 불필요한 간섭이 작곡가의 창작에 악영향을 끼쳤다. 일찍이 40년대 '정풍(整風)' 시기에는 '특무'로 몰렸고, 건국 후 일정 기간에는 음악협회의 평회원도 될 수 없었다. 그럼에도 불구하고 그는 장기간 고분(孤憤)하고 분투(奮鬪)하며 수많은 좋은 노래를 썼고, 지금

도 여전히 예술적 매력을 간직하고 있다. 그러나 알아주는 이가 매우 적고, 어떤 작품은 발표나 연출할 기회마저 없었다.

그녀는 누구보다도 그와 오래도록 친분을 유지하였고 그래서 그를 누구보다도 잘 알고 있었다. 1953년도 중국음악가협회가 성립될 때 그는 평회원도 될 수 없었다는 그녀의 지적은 정율성의 처지를 단적으로 대변한다. 비분의 목소리로 그녀는 말한다. "정율성은 진흙에 싸인 옥과 같다. 우리는 진흙을 벗겨내고 그에게 본 면목을 돌려주어야 한다. 반짝반짝 빛나도록.(〈加深認識鄭律成〉)"

같은 창작조(創作組)의 조원으로서, 단지 벽 하나를 사이에 둔 오랜 이웃으로서, 그리고 문혁 기간 고초를 함께 한 동병상련자로서 팡핑(放平)은, 음악가협회의 평회원이 되지 못하는 상황에서도 정율성은 아랑곳하지 않고 피아노 연습·작곡·독서·현장체험에 몰두하였고, 중국예술대표단으로 출국하였을 때 음악공연을 관람하는 것 이외의 모든 대우를 남에게 양보할 정도로 작곡과 무관한 일에 대해서는 안중에 두지 않았다고 회상한다. 때문에 "내가 보기에 작곡가 정율성 같은 사람의 됨됨이는 황금보다 귀중하고 또 귀중하다"라고 극찬한 바가 있다.[7] 또 조국의 대자연을 너무나 사랑하여 산과 들과 내를 유람하는 정율성이 당송(唐宋) 시인의 풍모를 닮았다느니, 창작조에서 일하면서 좋

7) 〈什麽比金子還要貴重? 憶鄭律成同志的爲人〉, 張非 등, ≪論鄭律成 - 鄭律成音樂作品硏討會論文集≫, 139-153쪽.

은 가사는 남에게 양보하는 등 늘 겸손하였다고 칭송하는 사람도 있다. 그가 남다른 인품의 소유자였다는 점은 분명하다. 그러나 그에 대한 이러한 칭송 이면에는 언제나 주변을 서성거릴 수밖에 없었던 그의 쓸쓸한 그림자가 길게 드리워져 있다는 사실을 우리는 기억해야 한다.

만약 정율성이 중국 '최고음악가'로서 모르는 사람이 없을 정도로 인지도가 높다고 말한다면 그것은 순진한 소망일지언정 결코 사실이 아니다. 비록 공식적으로 그의 인품과 음악에 대해 높은 평가를 하였지만 이에 상응하는 실질적인 예우 조치를 부여한 적은 생전에도 사후에도 없었다. 때문에 그의 가곡을 부른 적이 있는 사람은 많아도, 탕룽메이가 지적한 것처럼, 정작 정율성을 제대로 알고 있는 사람은 많지 않은 게 현실이다. 이러한 현실을 직시하지 못한 채 "13억 중국인을 끌어들일 문화상품" 운운한다면 그것은 어처구니없는 일에 지나지 않을 것이다.

게다가 중국 측 공식 기록과 평가가 철저히 중국적 입장에서 그를 보고 있다는 사실도 간과해서는 안 된다. 우리가 그를 '정부은(본명)'이나 '정율성'으로 부르고 싶을 때 중국인은 당연히 그를 '쩡뤼청'이라 부르고 싶을 것이다. 사실 정율성에게 '조국'은 아련한 존재였을 가능성이 높다. 우리는 그의 속내를 이제는 알 수가 없다. 다만 분명한 점은, 우리가 그를 '한국인' 또는 '중국인'이라고 예단하는 순간, 그의 진면목을 온전하게 객관적으로 볼 수 없다는 사실이다. 다시 탕룽메이의 지적을 보자. 1980

년 2월 중앙민족악단의 일본 공연 시, 정율성의 합창곡 〈흥안령에 눈꽃이 날리네〉 〈십육자령삼수(十六字令三首)〉 〈벌목가〉 등을 연주하자 일본의 문예계 유명 인사들이 “당신들에게 이렇게 좋은 노래가 있는 줄 예전에는 몰랐습니다. 듣자마자 이것이 중국음악이라는 것을 알았습니다. 그것들이 그렇게 아름답고 감동적이라니, 정말 절묘합니다! 우리는 작곡가가 게시하고자 하는 의경(意境)을 몸으로 느껴 알았습니다.”라고 평하는 것을 듣고 나서, 그녀는 다음과 같이 말한 바 있다.

> 우리 모두는 세계에 가곡의 왕인 슈베르트가 있다는 것을 알고 있습니다. 그렇다면 정율성이 중국의 슈베르트가 아닌가요? … 과거 우리는 정율성에 대해서 충분히 인식하지 못했습니다. 이제 응당 그에 대한 인식을 심화시켜야 합니다. 어떤 측면에서는 새롭게 그를 인식하여야 합니다.

다각도에서 그를 새롭게, 그리고 깊이 인식하여야 한다는 주장이다. ‘혁명음악’이나 ‘군가’ 등 특정 분야에 치중하지 말고 ‘서정가곡’ ‘오페라’ ‘아동가요’ 등 그의 다양한 음악적 실천을 총체적으로 보아야 한다. 또 그의 음악이 추구하였던 주제가 바로 ‘우의’ ‘평화’ ‘억압으로부터의 해방’ 등 인류의 보편적인 이상과 가치라는 사실도 새롭게 인식하여야 한다. 중국은 물론이거니와 우리도 마찬가지이다.

중국의 저명한 시인 주쯔치(朱子奇)의 말처럼, 정율성과 그의 불후의 노래가 “그의 조국에 속하고 오늘에 속할 뿐만 아니라,

세계에 속하고 미래에 속하도록" 만들기 위해서는, 그의 내면을 깊숙이 그리고 진지하게 들여다보려는 노력이 절실하다. 이런 의미에서 우리가 특별히 관심을 쏟아야 할 작품 중의 하나가 오페라 〈망부운〉이다.

이제 우리는 알 수가 없다. 그가 한국인으로 살고 싶었는지, 아니면 중국인으로 살고 싶었는지를. 분명한 것은 그에게 조국은 아련한 존재였고, 그 아련한 존재를 향한 그리움과 그 그리움이 승화한 소망이 오롯이 〈망부운〉 오페라에 담겨 있다는 사실이다.

일제에 강탈당한 조국에서 태어나 조국의 광복을 위해 타국에서 온 몸을 던졌던 그는, 조국이 해방되었지만 결국 고향이 있는 남한으로 돌아올 수 없었다. 그가 그나마 갈 수 있었던 조국은 북한뿐이었다. 비록 불완전한 해방이지만 정율성은 북한에서 민족의 희망찬 미래를 꿈꾸었으리라. 그러나 현실은 이상과 너무나 거리가 멀었다. '이념'을 앞세우는 그곳에서 그가 끝내 목도한 것은 민족상잔의 비극이었다. 그리고 중국으로 돌아갔고, 그는 중국의 국적에 편입되었다. 그 때 그의 심정은 어떠했을까? 그는 온전한 중국인이 되었을까? 최소한 그에게 주어지는 사회적 지위는 보잘 것 없었고, 게다가 중국 사회는 자꾸만 '극좌'적인 '이념' 속으로 함몰되고 있었다. 이런 상황에서 정율성은 소수민족인 백족을 주목하였고 그들의 대표적인 민간설화인 〈망부운〉을 제재로 하여 정통 서구식 오페라를 창작했다. 그 때 그는 무엇을 꿈꾸고 있었을까?

〈소수민족과 정율성〉

우선 미리 짚어둘 점은 그가 〈망부운〉을 창작했다는 자체가 당시 사회 풍조를 감안하면 매우 '용감한' 일이었다는 사실이다. 〈망부운〉의 예술적 형식이나 내용이 당시 중국 정부가 주창하는 예술과 정면으로 배치(背馳)되었던 것이다. 음악적 '반역'이라고 불러도 좋을 정도였다. 따라서 작품이 세상에 알려지자 커다란 논란이 일었고 그것의 공연은 기대할 수 없었다. 1962년 5월 12일 중앙가극무극원에 의한 북경 초연과 두 차례 순회공연은 기적 같은 일이었다. 이후 중국 사회가 극좌적 이념의 소용돌이로 휩쓸리면서 오페라 〈망부운〉은 당연히 무대에서 퇴출되었고 점차 잊히고 말았다.

1957년에 운남성을 방문하였던 정율성은 쉬쟈뤼(徐嘉瑞)가 쓴 장편서사시 〈망부운〉을 주목하고, 1959년에 그와 더불어 대본을 완성하여 두 사람의 이름으로 출판하였고, 이듬해 작곡을 마쳤다. 정율성의 〈망부운〉은 이 책의 주요 관심사이므로 제6장에서 자세히 살펴보기로 하고, 우선 두 사람이 함께 엮은 극본을 읽어보자. 곁들인 사진은 1962년 북경에서 공연할 때에 촬영한 것이다.

3-2 오페라 〈망부운〉

人物表

아백(阿白): 스물한 살, 테너.(백족 청년 사냥꾼)[8]

공주(公主): 열아홉 살, 소프라노.(남조의 공주, 후에 아형으로 개칭)

두조선(杜朝選): 늙은 사냥 신, 베이스.(백족의 조상신, 본주)

국왕(國王): 예순 살, 베이스.(남조의 국왕)

단왕후(段娘娘): 마흔 살, 알토.(남조의 왕비, 공주의 계모)

나전(羅荃): 쉰일곱 살, 테너.(국왕의 측근, 밀교의 법사)

단창(段昌): 서른다섯 살, 바리톤.(왕비의 조카, 고위 관료)

아가(阿伽): 서른 살, 바리톤.(백성 남자)

아향(阿香): 스물다섯 살, 메조소프라노.(백성 여자)

아진(阿珍): 열일곱 살, 소프라노.(공주의 시녀)

아주(阿珠): 열다섯 살.(공주의 시녀)

청평관(淸平官): 대장군, 바리톤.(남조의 최고 행정장관)

우의장(羽儀長): 한 사람. 바리톤.(왕실의 의장대장)

궁녀: 여덟 명에서 열 명.

---

8) 괄호 안 설명은 필자가 독자의 이해를 돕기 위해 첨가한 정보임.

호위대장: 한 사람.

호위병: 열두 명에서 스무 명.

무용수: 약간 명.

군중: 각 민족

서곡

폭풍 속에서 어선들이 정박한다.

폭풍이 곧 닥치려는 듯, 내재된 긴장과 불안한 기운이 가득하다.

아아, 아아, 아아, 아아,
폭풍이 오네!
어부들아!
뱃사공들아!
빨리빨리 배를 대자꾸나.
그녀의 마음속 한 더미 불길,
몸 위의 얼음과 눈을 사르네.
가닥가닥 허공으로 날아올라,
찬란한 구름과 노을이 되는구나.
가닥가닥 허공으로 날아올라,
찬란한 구름과 노을이 되는구나.
하늘의 별은 그녀의 눈,
하늘의 붉은 구름은 그녀의 뺨,
하늘의 푸른 구름은 그녀의 옷,

말총구름은 그녀의 머리칼.
아아, 아아,
하늘의 푸른 구름은 그녀의 옷,
말총구름은 그녀의 머리칼.
하늘의 꽃구름은,
그녀의 오색 허리띠.
사냥꾼이 그걸 잡고서,
그녀를 오화루에서 데리고 나왔지.
저 주황색 구름은,
그녀 가슴속의 뜨거운 불꽃.
용광로의 구리 용액인가,
하늘을 불사르려 하네!
아아, 아아,
용광로의 구리 용액인가,
하늘을 불사르려 하네!
저 쓸쓸한 하얀 구름은,
바로 그녀의 그림자.
저 새까만 먹장구름은,
바로 가슴 가득한 원한.
폭풍은 흰 구름의 사신,
먹장구름은 폭풍의 선두.
그것들이 하늘에 나타나면,
호수 물이 하늘 높이 뒤집히네.
아아, 아아,

폭풍은 흰 구름의 사신,
먹장구름은 폭풍의 선두.
그것들이 하늘에 나타나면,
호수 물이 하늘 높이 뒤집히네.

제1막

시간: 음력 3월 24일
장소: 창산 아래 삼탑사 앞 광장

(경마를 참관하려는 여러 민족의 군중이 등장한다.)

군중 합창:

아!
울긋불긋 꽃들 두루 피어,
창산에 봄이 돌아왔구나.
일 년에 한 번 성대한 모임,
우리들도 삼탑사 앞에 왔네.
남조 왕실은 병마가 건장하니,
마리 마리마다 용과 범 같네.
수놓은 안장에 황금 등자 차고,
붉은 비단 공 만 개가 올망졸망.
백성들도 야윈 말 타고,
씩씩함 자랑하려 하네.

(한 무리 부녀가 등장한다)

아향: (자유롭게)

울긋불긋 꽃들 두루 피어,
창산에 봄이 왔네요.
우리 시골 아낙도,
세상 구경 왔지요.

아가: (이야기 하듯이)

여러 분들 여기 오셨으니,
설마 말 탈 줄 아시겠소.
빨리 가 불 피워 밥 짓고,
아이나 돌보러 가시구려.

아향: (보통 빠르기로, 이야기 하듯이)

말 타기라면 우린 할 수 없죠,
농사짓기는 당신들 보다 낫죠.
동트면서 해질 때까지 일했거늘,
또 남정네들 위해 밥도 짓지요!

(군중들 크게 웃는다.)

아향: (이야기 하듯이)

여러분, 아백이 왔어요!
정말 씩씩한 모습이네요,
은 갈기의 백마,

더욱 위풍당당하네요.

(아백이 등장한다.)

아백: (보통 빠르기로)

난 원래 옥국봉의 사냥꾼,

아비 따라 사냥 하며 사네.

산 속 진미를 잡으면,

왕궁 높은 분께 바친다네.

아비의 한 마리 은 갈기 말,

왕궁의 삼천 준마 능가하네.

비웃지 마소, 가난뱅이 야윈 말이라고.

꼭 우승을 쟁취하여 산으로 돌아가리.

군중 합창: (보통 빠르기로, 활발하게)

아백 총각,

그대 은빛 말은 강철 근육과 뼈,

꼬리 치켜들고 네 다리 내디디면,

하늘 한복판을 나는 용과 같으니,

축하하리라 우승기야 따 놓은 당상!

아백: (보통 빠르기로)

형제자매님들 과찬의 말씀이요만,

꼭 우승기 쟁취하게 앞서 보리다.

힘이 부쳐 손에 넣지 못하더라도,

여러분들 부디 널리 양해하시구려.

(나팔 소리, 우의장이 등장하여 의장대를 배열한다. 국왕, 왕후, 청평관인 대장군, 시종관, 궁녀가 등장한다.)

〈남조 조정의 위용〉

군중합창: (보통 빠르기로, 장엄하게)

국왕이시여 만수무강하시길,
왕후시여 다복평강하소서.
기쁘게 금년도 오곡이 풍년이니,
창산 아래서 경마 대회를 하네.

기쁘게 올해도 병마 다 강건하니,
보장컨대 남조 왕국 평안하리로다.
대포소리 한번 울리면,
맹호처럼 언덕을 질주 하리라.

(국왕이 선창하고 군중이 합창한다.)

남조 왕국이여 평안하여라.
남조 곡식이여 풍성하여라.
기쁘게 남조의 천 만 창고 가득,
기쁘게 남조 병마 다 강건하구나.

우의장: (대사) 국왕께 아뢰오. 사람과 말이 이미 도착한 바, 명령을 내려 시작하소서.

국왕: (대사) 공주는 왜 오지 않았느냐?

왕후: (대사) 시간이 되었는데, 빨리 찾아보아라! 이 앤 너무 성가셔! (궁녀 퇴장)

국왕: (이야기 하듯이)

어려서부터 응석받이로 키웠더니,
고약한 성질 부모 명도 거스르네.
딸아이의 종신대사를 생각하면,
정말이지 시시각각 마음 걸리네.
충성스런 법사 말씀대로,
경마대회를 마련하였네,
대회장 이미 북적이거늘,
왜 딸애는 안 오는 게야.

궁녀: (대사) 국왕께 아뢰나니, 공주께서 몸이 불편하시다고 합니다.

국왕: (대사) 이렇게 버릇이 없다니, 빨리 가서 재촉하라! (궁녀 퇴장)

국왕:

천군만마가 기다리고 있거늘,
그 앤 천성적으로 버릇없어,
항상 부모를 화나게 하다니.
경마장의 천군만마가,
너 하나 기다리거늘.

(단창 등장)

단창: (보통 빠르기로, 자신감 있게)

용 같은 오추마를 타고서,
창산 아래 바람을 좇으리.
이 산 속 백성쯤이야,
어찌 영웅답다 하랴.

백성들 위아래 모르고,
짐 끄는 말을 끌고 와,
나와 겨누려 하다니,
정말로 메스껍구나.

나전: (보통 빠르기로)

단창 청평관은 문무 겸비하니,
남조의 영웅 세상에 다시없네,
국왕 총애하는 장군,
왕후의 조카이라네.

올 경마는 예년과 달라,
공주님 짝을 뽑기 때문.
단창 청평관의 기개를 보게나,
공주 걱정 없고 웃음꽃 피리라.

(궁녀가 공주를 모시고 등장)

공주: (대사) 아바마마 문안드리옵니다.

국왕: (대사) 왔으면 됐다.

우의장: (대사) 왕이시여 명을 내리소서.

국왕: (대사) 징을 울리고 대포를 쏘아라.

(대포소리, 음악소리, 군중의 환호소리)

나전: (대사) 전령, 우승기를 올려라!

(전령이 우승기를 한가운데 세운다)

나전:

축원하니 깃발 오르기만 하면,
반드시 승리를 쟁취하시리라.
이 우승기를 손에 쥐면,
혼사야 절로 이루어지리라.

(단창이 국왕과 왕후에게 인사를 한 뒤 교만하게 퇴장)

공주:

그는 이렇게 교만을 떠니,
능력은 결국 얼마나 큰지.
경주 시간이 되었으니,
두고 보기나 하자구나.

〈경마대회 장면〉

합창: (조금 빨리, 열렬하게)

출발 알리는 우레 같은 소리에,
산 같은 인파 두 갈래 갈라지네.
창산 아래 만마가 내 달리니,
철마 달리자 온통 먼지일세.
한 사람 한 사람 모두 뛰어난 영웅,
한 마리 한 마리 모두 활기찬 용호.
나는 듯 말발굽 땅에 닿지 않아,
한 바탕 몰아치는 회오리 같네.

나전: (보통 빠르기로)

오추마가 앞서 달리니,
백성 말들 뒤쳐지누나.
봐라 단창이 응당 선두,
영웅호걸 자랑하는구나.

아진: (조금 빠르게, 기쁘게)

날 듯 한 저 백마,
만마의 선두네요.
말을 탄 저 사람,
정말 능수능란해요.
얼씨구 아라리요.

나전: (보통 빠르기로)

단창의 말은 오추마,
분명 그가 선두일 터.
왜 백마라는 게지,
터무니없는 말씀!

아가: (보통 빠르기로, 성난 눈으로 나전을 바라보며)

분명 한 마리 백마,
아백이 탄 말이라네,
우릴 기뻐 벅차게 하니,
그가 바로 영웅호걸일세.

아진: (중간 빠르기로, 나전에게 냉소하며)

분명 한 마리 백마,
사냥꾼이 선두네요.
우리 마음 기쁘게 하고,
우리를 즐겁게 하네요.

나전: (보통 빠르기로, 이야기 하듯이)

한 마리 흑마이겠지,
단창이 탄 것이리라.
나를 기뻐 벅차게 하고,
나를 즐겁게 하는구나.

아진: (조금 빠르게)

늙은 법사 눈은 흐리멍덩해,
오추마는 자취도 없잖아요.
어디 댁의 흑마가 보이나요,
정말 흑백을 구분 못하네요!

(조금 빠르게)

백마가 벌떡 일어서니,
마치 파도 더미 같네요.
뛰어올라 돌진해오니,
어느새 결승선이네요.

나전: (대사) (전령에게) 흑마가 이겼다! 빨리 우승기를 단창 청평관에게 드려라!

아진: 당신 어떻게 됐어요? 흑마의 그림자조차 보이지 않는데. 보세요, 늠름한 사냥꾼이 달려오잖아요. 말에서 내리고 있네요!

(나팔 소리가 울린다. 다른 전령이 손에 작은 깃발을 들고, 관람석 앞으로 급히 달려가, 경례하며 보고 한다. "옥국봉의 사냥꾼 아백이 경마에서 일등입니다.")

전령: 우승기를 건네주십시오.

나전: (대사) (크게 노하며) 터무니없는 소리! 우승기를 거두어들여라!

(군중들이 아백을 에워싸고 등장)

군중 합창: (기쁘게)

말은 말 중의 용마이고,
사람은 만인의 영웅일세,
아백은 강철 같은 사람,
오늘 그 위풍 드러냈네.

아진: (보통 빠르기로)

말은 진정 말 중의 용마이고,
사람은 만인 중 영웅이네요.

사냥꾼이 우승 따냈어요,
천군만마 다 물리치고서.

(한 무리의 군중들이 사냥꾼을 에워싸고 앞으로 나아가 환호하며, 우승기를 잡으려 하지만, 나전이 허락하지 않는다.)

나전: (보통 빠르기로)
너는 산 속의 사냥꾼,
너는 무슨 자격으로,
국왕의 우승기를 향해,
감히 손을 내미는 게야!

군중합창: (조금 빠르게, 분노하며)
자신의 능력이 자격이니,
우승기는 응당 그의 몫.
천인 만인 보고 있으니,
눈을 가릴 수는 없을 걸.

아진:
공주님 나서서 말씀 하세요,
이 법사는 예도 법도 없네요.
천인 만인이 다 보고 있거늘,
실언하면 뒤 또 경마 하리요.

(공주가 관람석으로 내려온다. 군중이 갈라선다.)

공주: (보통 빠르기로, 자유롭게)

온갖 꽃 울긋불긋,
창산에 봄이 왔네.
난 오늘 궁문을 나와서,
삼탑사 경마를 보았네.
사냥꾼은 백마를 타고서,
천군만마 달렸건만,
바람같이 앞장서니,
경마장 온통 환호였네.
왜 우승기 주지 않나요?
분명 일등으로 달렸거늘.
만인이 두 눈으로 보는데,
이러는 법이 어디 있어요.
왜 흑백 가리지 않나요?
왕실의 위신을 잃거늘.
경마 대회는 만인의 축제,
산 속 백성 얕보지 마세요.

(사냥꾼을 향하여)

이 우승기는 당신 것이에요,
당신 것이니 응당 가져가야죠.
누구든지 일등으로 달렸다면,
누구든지 우승기를 받아야죠.

아백: (조금 빠르게, 유쾌하게)

공주님의 호의는 그러하지만,
백성 주제에 어찌 앞 다투리.
우승기 정말 받기 곤란하니,
공주님 널리 헤아려 주소서.

공주: (보통 빠르기로)

당신 말이 선두로 달렸지,
만인 두 눈으로 보았지요.
당신 것이니 응당 받아야죠.
이것저것 따지지 마세요.

아백:

저는 원래 옥국봉의 사냥꾼,
아비와 사냥하며 살았다오.
왕실의 문 두드리지 말아야지,
제가 진실로 무례를 범했거늘,
뜻밖에 공주님 넓은 아량으로,
친히 우승기를 하사하시니,
사냥꾼이 어찌 보답 하리요.
영원히 마음속에 기억하리라.

공주:

댁은 산 속의 사냥꾼,

성실하고 정직하신 분.
댁은 어디 사신지요?
댁 이름이나 알려주오.

아백:
저의 집은 옥국봉 아래지요,
저는 산 속에서 자라왔지요.
이름은 아백이라 하는데,
어려서 말과 활 좋아했죠.

공주:
댁은 우승기를 받고,
영원히 잊지 마세요.
오늘 삼탑사 앞에서,
제가 직접 드린 걸.

아백:
공주님의 깊고 두터운 마음,
영원히 잊지 못하리.
사냥신 주신 신비한 화살,
하나를 신표로 드리오리다.

(화살 하나를 드리고, 공주가 받는다.)

〈이 화살은 제 마음〉

아백:

정직한 사람만이 정직한 사람을 사랑하지,
용감한 사람만이 용감한 사람을 사랑하지.
뜻밖에 왕실의 공주님이,
이처럼 시원시원하실 줄이야.

그녀의 성품은 굳세고,
그녀 마음은 눈부시네.
바다같이 깊은 마음,
길이 마음에 새기리.

그녀는 사양봉(斜陽峯)보다 아름답고,
그녀는 설인봉(雪人峯)보다 품위 있네.
말할 듯 말 듯,
수려한 두 눈은 안개구름 가린 듯.

아마 단창을 사랑하지 않는 게지,
오추마는 아직도 오지 않는구나.
이런 사람이 부마가 된다면,
까마귀가 봉황과 짝 하는 셈.

공주:

궁궐에서 자란 지,
어느새 열아홉 해.
오늘 여기 와보니,
처음 보는 봄날일세.
이 창산의 경치 사랑스러워,
이 산속 사냥꾼 사랑스러워.
어지러운 실타래 휘감은 듯,
심사를 풀어낼 길이 없네.

궁궐 생활을 생각하면,
정말 너무나 수심 겹네.
계모가 법사와 전횡하여,
궁궐엔 첩첩겹겹 먹구름뿐.

단창을 사위로 맞으려고,
경마대회를 꾸몄었지요.
난 새장 속 한 마리 새,
궁궐에 갇혀 날 수 없죠.

아백: (조금 빠르게, 공주를 향하여)

뜻밖에 공주의 넓은 도량으로,
친히 우승기를 하사하셨네.
사냥꾼이 어떻게 보답할까,
영원히 가슴에 간직하리라.

공주: (조금 빠르게, 아백을 향하여)

댁은 이 우승기를 받고,
영원히 잊지 마세요.
오늘 삼탑사 앞에서,
제가 직접 드린 것을.

(단창이 험상궂게 뛰어든다.)

아진: (비웃는 태도로) 단창 청평관님, 많이 늦으셨네요!

단창: 간덩이가 부은 년! (아백을 향해) 너는 누구야? 감히 우승기를 들고 있어!

아백: 전 일등 한 사람, 원래 우승기를 원치 않았지만, 공주께서 주셨습니다.

단창: 공주님이라고?

(칼을 뽑아 아백을 베려하자, 아백도 칼을 뽑아 막는다. 여러 차례 싸우는데, 공주가 나아가 치마로 갈라놓자, 두 사람이 보고서 얼른 물러나서, 칼을 칼집에 넣는다.)

공주: (보통 빠르기로)

왜 이리도 흉포하나요?
입만 벙끗하면 칼을 드니.
아백 당신은 빨리 가세요,
제가 몸소 보내드리리다.

왕후: (대사) 당신의 잘난 딸 좀 보래지.
국왕: (대사) 거기 서! 아이고 화나 죽겠네!
나전: (대사) 호위병, 사냥꾼, 저 못된 놈을 잡아라!
공주: (대사) 누가 감히 손을 대!

군중 합창: (보통 빠르기로, 기쁘게)

정직한 이만이 정직한 이를 사랑하지,
용감한 이만이 용감한 이를 사랑하지.
뜻밖에 왕실의 공주님이,
이처럼 시원시원하실 줄이야.

그녀의 성품은 굳세고,
그녀 마음은 눈부시네.

아향: (부녀 합창)

그녀는 사양봉보다 아름답고,
그녀는 설인봉보다 품위 있네.
뜻밖에 왕실의 공주님이,
이처럼 대담하실 줄이야.

국왕: (대사) 빨리 잡아라!

나전: (대사) 빨리 잡으란 말이다!

공주: (사냥꾼을 전송하여 퇴장하게 한 후 다시 되돌아온다) (대사) 내버려 둬라. 내가 나전 법사에게 따져보겠다!

왕후: (대사) 국법도 지키지 않고, 가정 법도도 지키지 않다니. 당신 착한 딸 좀 보시구려. 저 애를 오화루(五華樓)에 가두세요.

국왕: (대사) 우의장, 공주를 데리고 궁으로 가라!

우의장: (대사) 알겠습니다! (공주를 향하여) 공주님 궁으로 가시지요.

공주: (보통 빠르기로, 불쾌하여)

당신들이 나를 오라 하더니,
당신들이 나를 돌아가라네.
아버지의 처벌을 받을지언정,
내 맘은 영원히 바뀌지 않네.

(국왕과 공주가 퇴장한다. 무대 위는 혼란스럽고, 어수선하다. 잇달아 퇴장한다. 왕후와 나전, 단창이 남아 있다. 단창은 맥이 빠진 표정을 하고 있다.)

왕후: (대사) 법사님, 또 헛수고만 하였네요.

단창: (대사) 정말 재수 없어!

나전: (대사) 조급해 마시오, 마마께서 궁으로 돌아가 국왕께 말씀드려 강제로 혼인시킵시다.

왕후: (대사) 내 친딸도 아닌데다가, 매일 악담을 퍼부으니, 화만 난다니까.

나전: (대사) 설마 왕후의 말씀을 국왕이 들어주지 않으시려고요?

왕후: (대사) 좋아요!

단창: (대사) 모두 법사님을 믿어 보지요.

(나전이 징그럽게 웃으며 퇴장한다.)

(군중들이 다시 모여든다.)

군중 합창: (보통 빠르기로)

법사는 이치도 법도 없고,
두 눈알이 멀었구나.
단창을 누가 보았던가?
오추마가 어디 있더냐?
눈 뜬 채로 눈먼 소리일세.
이번엔 화가 나 죽겠구나.
하 하 하!
하 하 하!
이번엔 화가 나 죽겠구나.

제2막

시간: 횃불축제[9] 하루 전.

장소: 공주의 침실.

(공주는 베란다에서 멀리 바라다보고 있고, 양치는 젊은 남녀들이 담장 밖에서 산으로 가면서, 양치기 노래를 부른다. 아진이 옆에서 시중을 들고 있다.)

양치기의 노래

청년 노래: (조금 빠르게, 활기차게)

누이야,
봄날 등나무는 길고 길어,
겹겹이 나무 허리 감싸네.
등나무는 낭군 마음 같아,
영원토록 끊을 수 없다네,
누이야 생각해 보렴.

처녀 노래: (보통 빠르기로, 자유롭게)

오라비야,
봄날 등나무 길고 길어도,
아가씨의 정분은 더 길어요.
댁이 마음 있고 뜻 있다면,
영원히 끊어지지 마시길.
오라버님 약속하셨네요.

---

9) 원어는 火把節, 중국 운남성에 거주하는 소수민족(彝族, 白族, 納西族, 納祜 등)들의 전통 축제. 보통 음력 6월 24일 또는 25일에 지낸다. 각 민족에 따라 구체적인 활동은 차이가 있지만, 커다란 모닥불을 피우고 노래하고 춤추는 것은 공통적이다.

남녀 합창:

오라비야,
그대 생각하면 바늘이 실을 꿴 듯.
누이야,
그대 생각하면 실이 바늘에 꿰인 듯.
누이는 실, 오라비는 바늘.
늘 마음에 걸려있다네.

(노래 소리가 점점 아득히 멀어져, 엷은 안개 속으로 사라진다.)

공주: (조금 느리게, 우아하고 아름답게, 이야기 하듯이)

이건 아백의 목소리 같아,
난 속으로 헤아려보네.
조금 더 듣고 싶거늘,
흰 구름 되어 사라지네.
양치는 아가씨들,
정말 잘 부르네요,
새벽부터 해 질 때까지,
산촌에서 궁문 지나면서.
고즈넉한 황혼녘부터,
달 둥근 밤을 잇네요.
즐겁고 생기 넘치는 아가씨들,
그 노래가 흰 구름 불드네요.

아진: (대사) 그녀들은 정말로 즐거워요, 또 양치기들이 오네요.

(두 번째 양치기들이 무대에 등장한다.)

총각 노래:

산속에 승냥이 이리 많고 많아,
등을 세우고 산비탈을 오르면,
큰 양들은 놀라 온 산 뛰어 다니고,
아기 양들 가시나무로 파고든다네!
아라야이요아

처녀 노래:

맑은 개울아 넌 산위에서 왔지만,
네가 하는 말 알아들을 수 없구나.
단지 바람 불어 풀이 움직일 뿐,
돌아오는 아기 양 보이지 않구나.

남녀 합창:

산도 높고 풀들도 자라서,
빽빽한 숲 온 하늘 가리네.
나무 가지 위 산비둘기야,
아기 양은 어디 숨어 있니?
아라야이요아

(노랫소리가 점점 사라진다.)

공주: (조금 빠르게, 화가 나서)

세상을 횡행하는 승냥이 이리,
어리고 어린 면양을 괴롭히네,
나전과 왕후는 단창과 결탁하여,
우리로 이 고난을 당하게 하네.
바깥세상 경치는 이처럼 아름답고,
양치는 아가씨는 정말 활기차거늘,
남조 궁궐은 너무나 음산하고,
남조 궁궐은 너무나 적막하네.
태양이 천만년의 흰 눈을 비추나니,
열아홉 봉우리는 연보라 목도리일세.
저 한 쌍의 새하얀 갈매기는,
쌍쌍이 자유롭게 하늘 날거니와,
쌍쌍이 하늘에서 실컷 노래하네.
구름 사이에서 우리를 비웃는 듯.
나에게도 정말로 날개가 생겨나,
이 겹겹 궁성 날아 나가고 싶어,
드넓은 세상으로 날아가서,
떠오르는 태양 맞이하고파.

(궁녀 아주가 꽃병을 보내오자, 공주가 손을 휘젓는다. 아주가 아진을 향해 입을 내밀자, 아진이 손을 휘젓는다. 아주가 퇴장한다.)

공주:

화병의 꽃은 뿌리가 없어 보기 싫어,
새장 속의 앵무새도 화분의 철쭉도.
천 년 등나무와 만 년 나무는,
넘어지고 부러져야 떨어지거늘.

(아주가 향기로운 차를 두 손으로 받들고 올라오자, 공주가 손을 휘젓는다.)

공주:

쓰디쓴 차에 설탕을 넣은들,
도대체 쓴 맛인가 단 맛일까.
나는 그 맛을 느낄 수 없나니,
감사하나 왕후께 돌려 드려라.

(왕후가 등장한다. 아주가 화관과 수놓은 옷을 받쳐 들고 함께 등장한다)

〈그런 것 필요 없어요!〉

왕후: (조금 느리게)

이토록 좋은 경치와 시절을 만났거늘,
내 딸은 무엇 때문에 슬퍼하는 거냐?
아주야 수놓은 옷과 화관 드려라,
공주님께 맞는지 입어 보시도록.
성도(成都)의 장인을 모아와,
금강(錦江)의 비단을 짰다네.
기술자 백 명이 재단을 하고,
수 천 수 만 진주를 달았단다.

(공주가 힘을 다해 아주를 밀어 젖히자, 아주가 넘어질 뻔 한다.)

공주: (보통 빠르기로, 기분이 나빠서)

나는 가슴이 찢어지듯 슬프건만,
무슨 좋은 경치와 시절 타령이람.
왕후가 이 불행한 딸에 대해,
이렇게 관심을 쓰셨던가요.
이런 알록달록 수와,
이런 비취 진주 따위야,
생사람을 매장하는 것일 뿐,
생사람을 무덤으로 보낼 뿐.

왕후: (조금 느리게)

단창은 비록 거친 사람이나,
그는 좋은 마음씨를 가졌지,

너는 형제자매 하나 없으니,
서둘러 좋은 배필 맞아야지

공주:

이런 말들 다 듣기 싫어요,
왕후시여 생각을 거두소서.
이렇게 다그치고 다그치면,
전 정말로 견딜 수 없어요.

(왕후가 매우 화를 내며 퇴장한다.)

이런 사람이 정말 무서워,
난 그저 궁궐을 탈출하여,
겹겹의 먹구름을 뚫고서,
층층 올가미 벗어나고파.
이전에 공주 한 분 계셨다지,
거꾸로 소를 타고 궁궐 나서,
녹각장(鹿角莊) 마을로 들어가서,
가난한 땔나무꾼에게 시집갔다지.[10)]
나는 곤궁함을 참을 수 있어,
나는 풍상을 견딜 수 있지요.

---

10) 〈녹각장 마을〉은 백족의 유명한 민간 전설이다. 옛날 한 공주가 소를 타고 민간 마을로 가서, 한 가난한 나무꾼과 결혼하였다. 마을 골목이 좁아 소의 뿔이 닿을 정도여서 녹각장이라는 명칭이 생겼다. 부록2 참조.

다만 흉악한 단창을 생각하면,
내 온 몸이 부들부들 떨려요.

아진: (조금 빠르게, 힘차게)
이 궁정은 참으로 두려워요,
아씨를 닦달하고 닦달하네.
우리 궁궐을 빠져나가요,
국법 어긴들 후회 안 해요.
전 옥국봉 가는 길 아나니,
먼저 저의 이모를 찾아가,
이모 집에 잠시 머물면서,
아백 찾을 방도 생각해요.

공주:
아진 동생,
넌 정말 충성스럽고 의로워,
내 친 자매와 매 한 가지라.
또 두렵나니 네가 연루될까,
네 이모도 연루될 터이거늘.

(국왕, 왕후, 우의장, 궁녀, 호위병 등이 화원 입구로부터 등장한다.)

국왕: 공주는 어디 있느냐?
궁녀: 지금 위층에 계세요.
국왕: 안정이 좀 되었는가?

궁녀: 그 날 궁에 돌아오시어, 국왕께 호되게 꾸지람을 듣고 혼절하신 지 이미 두 달이나, 먹기도 마시기도 싫어하시고 정신이 희미하십니다.

왕후: 국왕은 너무 공주를 응석받이로 키우셨어요. 만일 저의 친딸이었다면, 공주를 이와 같이 응석받이로 키우지는 않았을 거예요. 아! 양모 노릇 하기 정말 어려워.

국왕: 그래, 너무 공주를 응석받이로 키웠소. 지금 결혼 날짜를 잡아 놓았으니, 구자(龜兹)[11] 악단을 들라 해서 한바탕 가무를 하여, 공주의 수심을 풀어주도록 하라.

우의장: 예! 구자 악단을 궁전으로 들게 하라!

(구자 악단이 등장해서, 예의를 갖춘다.)

국왕: 대당(大唐) 개원(開元) 천자[12]가 우리 남조에 구자 악단을 하사한 바, 몹시 아름다우니, 공주를 오시게 하라.

(궁녀가 공주를 부축하고 내려와 알현한다.)

국왕: 오늘 공연은 무엇인고?

---

11) 영어로는 kucha 또는 kuche로 적는다. 실크로드에 있는 오아시스국가의 하나였다. 646년 당(唐)이 이곳에 안서도호부(安西都護府)를 설치했다. 따라서 구자 악단은 당에서 보내온 것임을 알 수 있다. 은연 중에 남조의 국력을 자랑하고 있다.

12) 당 현종(玄宗)을 가리킨다.

우의장: 국왕께 아뢰나니, 공연은 〈차라리 애당초 알지나 말 것을〉 입니다.

여성 2부 합창: (보통 빠르기로, 우아하고 아름답게)

상아 궁궐에 월계수가 피었는데,
땔감 하러 오강(吳剛)이 올 뿐.
이별 후로 임의 소식은 끊어져,
학수고대 기다려도 오시지 않네.
항아도 불사약 훔친 걸 후회하였지,
선녀도 속세로 내려가기 원했었다네.
새장 속에 갇힌 앵무새 신세,
새장 벗어나 맘껏 날고 싶네.
진작 이리 마음에 걸릴 줄 알았다면,
차라리 애당초 알지나 말았을 것을.[13]

13) 중국에서 가장 유명한 연애 고사 중의 하나인, 당 현종(玄宗)과 양귀비(楊貴妃)의 사랑을 읊고 있다. 안록산(安祿山)의 난으로 피난길에 오른 현종은, 국정 문란의 원흉으로 양귀비를 지목하며 반기를 드는 병사들을 달래기 위해 어쩔 수 없이 그녀를 처형하도록 한다. 그러나 그들의 사랑은 시들지 않아, 양귀비는 선녀가 되어 달나라에 살게 되고, 그곳을 당 현종이 방문하였다고 전한다. 위 시는 양귀비가 당 현종을 그리워하며 자신의 심정을 노래하고 있다. 또 가사에 나오는 항아(姮娥)는, 중국 신화에서 열 개의 태양 중 아홉 개를 활로 쏘아 떨어뜨린 영웅 후예(后羿)의 아내로, 남편 후예가 서왕모(西王母)로부터 받아온 불사약을 훔쳐 달나라로 도망갔다. 그녀는 영원한 생명을 얻은 대신 사랑을 영원히 잃어버렸기에, 밤마다 월궁에서 후회하고 있다고 전한다. 여기서는 양귀비로 공주 자신을 빗대고 있다. 吳剛은 중국 도교 전설 중의 인물이다. 그는 도를 배우는 과정에서 잘못을 범하여 달나라로 쫓

(공주가 우울하게 머리를 숙인다. 거의 앉아 있을 수조차 없게 되자, 아진이 공주를 부축한다.)

국왕: 무엇을 노래한 것이냐?

악단장: 국왕께 아뢰나니, 당나라 개원 천자가 월궁(月宮)을 유람하는 이야기입니다.

국왕: 당치 않다. 빨리 내려가라.

우의장: 알겠습니다. (악단을 인솔하여 퇴장)

호위병: 국왕께 아룁니다. 단창 청평관께서 공주님을 보러 오셨습니다.

국왕: 그를 들라고 하라.

공주: (일어나 큰소리로) 단창이라고? 맙소사! (혼절하여 쓰러진다.)

(국왕이 크게 놀라고, 왕후가 공주를 부축하여 침실로 보낸다. 국왕, 시종관 등이 퇴장하고, 왕후가 뒤따라 퇴장하다가, 단창을 도중에 만난다.)

단창: 고모님, 공주는요?

왕후: 말마라, 가자! (두 사람 퇴장)

(무대는 고요하고, 아득히 노래 소리가 들린다. 〈차라리 애당초 알지나 말 것을〉을 노래한다. 아진이 공주를 부축하고 베란다에서 경

겨나서 계수나무를 자르는 벌을 받았다. 그 나무는 자르는 즉시 다시 붙어버리므로 영원히 자르고 있어야 하는 운명이라고 전한다.

청한다. 아진은 아래로 내려가서 소식이 어떤지 알아보려고 화원으로 나가고, 잠시 후 돌아온다. 음악이 막 정지한다.)

〈내 임은 어디 계시나요?〉

아진: (조금 빠르게, 조급한 마음으로)

공주님 큰 일 났어요,
궁궐에 온통 장식이에요.
단창을 부마로 책봉하여,
내일 결혼식을 강행한대요.
그 사냥꾼이 찾아 왔지만,
병사가 궁문에서 쫓았대요.
다시 생각 할 여유 없어요,
단지 궁궐을 도망쳐야 해요.

제게 후문의 열쇠 있어요.
시골 아가씨의 복장도요.
궁궐 복장 벗어버리고,
새롭게 바꿔 입으세요.

(공주와 아진이 함께 바꿔 입는다.)

공주: (조금 느리게, 분노하며)
가장 한스럽나니 궁궐의 나쁜 놈들,
그들은 한 점 인정머리도 전혀 없어.
산 속의 꽃뱀과 같아,
오색 옷이 독한 심보 감싸고 있지.
왕궁 깊은 뜰을 도망쳐 나가,
한 마음으로 이모를 찾자구나.
올가미 천지를 도망쳐 나가,
즐거운 인간 세계로 가자구나.

그런 다음 그 사냥꾼을 찾으리라.
그는 깊은 산에서 사냥을 한다지.
그와 만날 수만 있다면,
꿈속의 만남보다 좋겠지.
나는 철옹성도 두렵지 않아.
나는 고산준령 두렵지 않네.
나는 정말 날개를 단 듯이,
첩첩의 궁벽을 날아올라서,

저 광활한 세상을 향해 날아,
떠오르는 태양 맞으러 가리라.
저 광활한 세상을 향해 날아,
떠오르는 태양 맞으러 가리라.

(아진이 후문을 열고, 두 사람이 퇴장한다. 아주가 등장하여 공주를 찾지만 보이지 않는다.)

아주: 공주님! 아진아! 어찌 된 게지? 모두 사라지셨어? 공주님! 공주님! (반응이 없다) 큰일났다! 공주님께서 없어지셨다!

제3막

시간: 해질 무렵.
장소: 옥국봉 아래 조그마한 시골 마을.

(아진과 공주가 무대에 등장한다.)

공주: (보통 빠르기로, 자유롭게)
아!
정말로 아름다운 경치로구나.
아!
(활발하게)
원래 이처럼 아름답고,
원래 이처럼 드넓구나.

눈부시도록 붉은 꽃과,
푸르고 싱싱한 논일세.
깊은 궁에 십구 년을 갇혔더니,
오늘에야 즐거운 세상에 왔구나.
새가 옛 가지 위로 날아 온 듯,
익숙하면서도 새롭기도 하구나.

(이하 아형으로 개칭함)
(아진이 화관을 짜서 아형에게 씌워준다.)

아형: (기쁘게)
오늘에야 내 소원을 이루었네,
나는 산에 가서 양을 치리라.
화관을 짜서 머리에 씌워주니,
마음이 바다 하늘처럼 트이네.

(풍부한 표정을 지으면서)
이 소형화(素馨花)는 정말 향기롭네,
너로써 나의 이름을 삼으리.
오늘부터 날 아형이라 불러다오,
나는 얼마나 기쁜지 몰라.
그 사냥꾼을 생각만 해도,
정말 나를 기쁘게 하네요.
그는 지금 어디에 계실까,
전혀 소식 찾을 수 없네요.

(하늘이 이미 어두워지고, 시골 처녀들이 횃불을 들고 무대에 등장한다.)

〈횃불축제의 시골 아가씨들〉

시골 처녀들의 합창: (조금 빠르게, 활발하게)

시냇가의 버들은 나란히 줄서있는데,
작은 아가씨 소를 타고 찾아 왔지요,
녹각장(轆角莊) 마을에 들어서더니,
그녀는 돌아 나오지 않았지요.
오라비여,
그녀는 영원히 나오지 않았대요.

호접천(胡蝶泉) 가의 두 그루 나무에,
나비들 쌍을 이루고 짝을 이루지요.
한 꾸러미 꽃으로 변하여,
그 쌍쌍을 나눌 수 없기를.
오라비여,

그 쌍쌍을 나눌 수 없지요.[14]

화순패(花旬壩)에 꽃 붉게 피었고,
쌍쌍이 물총새가 봉황을 향하지요.
봉우산(鳳羽山)으로 날아가는데,
꽃이 우거져 보이지 않네요.
오라비여,
꽃이 우거져 보이지 않네요.[15]

아형: (이야기 하듯이)
햇불축제 도래했네.
정말 때맞춰 왔거늘,
아쉽게 아백 보이지 않아,
내 마음 불타는 것 같네.

시골 처녀:
댁 마음이 불타는 것 같다고요?
도대체 누구 때문에 걱정하죠?
혹시 견우 만날 직녀이신데,
오작교를 찾지 못했나요?

---

14) 호접천은 '나비 샘'이라는 의미로 대리 백족 자치주에 있는 유명한 명승지. 해마다 때가 되면 수만 마리의 나비들이 사방팔방에서 날아와 샘물가의 나뭇가지에 짝을 지어 앉는데, 마치 꽃 꾸러미 같다고 한다.
15) 청춘남녀들의 노래를 주고받으며 상대를 물색하는 것을 묘사하고 있다. 화순패는 들판 이름, 패는 백족 말로 들판이라는 뜻. 물총새와 봉황은 짝을 찾는 청춘남녀를 비유한다.

아형: (이야기 하듯이)

내 말을 누군가 듣는구나,
빨리 꽃 속으로 숨어야지.
그들이 실컷 노래하도록 하자.
그들이 의아히 여기지 않도록.

(두 사람이 꽃 속으로 숨고, 백족 남녀 한 무리가 무대에 등장한다. 서산(西山) 백족의 전통 춤을 춘다.)
(아백이 등장한다.)

아백: (보통 빠르기로, 힘 있고 용감하게)

내 할아비는 산속 백호를 쏴 죽이고,
내 아버지는 동해의 교룡을 죽였었지.
무엇 때문에 내 화살도 백발백중인가 하면,
사냥신 두조선이 조부에게 주신 신궁 덕분.

가련타 내 아비는 신궁의 사수이나,
훗날 창산 아래에서 얼어 죽으셨네,
내 어미는 요괴에 속아 집 떠나시니,
난 홀로 의지할 데 없이 내팽겨졌네.

(조금 빠르게, 힘 있고 자신감 있게)

아침 사양봉(斜陽峯)에서 큰 매를 쏘고,
저녁 마이봉(馬耳峯)에서 고라니를 쫓네,
얼음도 눈도 풍랑도 두렵지 않거니와,

뱀도 호랑이도 이리도 두렵지 않노라.

아형: (보통 빠르기로)
원래 그이가 여기 있거늘,
나는 어디 가서 찾았던가?
산더미 인파요 온통 붉은 햇불이니,
서둘러서 꽃 속으로 몸을 숨겨야지.

마을마다 햇불 붉게 산을 비추니,
나비들아 만발한 꽃 속에 숨어라.
인연 있으면 천 리를 와서 만나지만,
인연 없으면 대면해도 못 만나는 법.

(아형, 아진이 또 꽃 속으로 숨고, 군중은 서산무(西山舞)를 춘 뒤 퇴장한다. 다른 한 무리의 농민들이 등장하여 이족(彝族)의 영친무(迎親舞)를 춘다. 춤추면서 아형과 아진을 둘러싼다.)

군중: (대사) 끌어내자, 끌어내. (두 사람을 끌어낸다) 너희는 어느 마을? 이름은 무엇인고?

아진: 쌍원촌(雙鴛村)에서 왔어요. 저는 아진이라 하고, 그녀는 아형이라고 합니다.

군중: 아형 아가씨, 아진 아가씨, 당신들도 와서 함께 춤을 춥시다.

(아형과 아진이 무리에 들어가 춤을 춘다)
(아백이 유심히 그녀를 본다)

아백:

이 아형이라는 아가씨는,
공주님과 매우 닮았구나.
설마 공주가 오신 것인가,
어찌 산마을 초가에 살랴?

옛날 공주 한 분이,
소를 거꾸로 타고 궁궐 나와,
녹각장 마을로 들어가더니,
가난한 나무꾼에 시집갔다지.

이는 모두 옛날의 이야기,
다시 허튼 생각 말아야지.
공주는 깊은 궁궐에 사시니,
어찌 산 속 봄날 구경하랴!

아백: 가자! (퇴장한다)

(아형과 아진이 춤추는 행렬 속에서 물러나와 아백을 찾는다. 아백을 찾지 못하여 마음속이 조급하다.)

아형: (보통 빠르기로)

어렵사리 이곳에서 만났거늘,
이목이 무서워 말도 못했네요.
막 만나자 또 이별이라니,
즐겁다가 괴로운 밤이네요.

(그녀 두 사람이 무대 위에서 찾는다)

아형:

깊은 산 고요한 곳에 가 그이를 찾으리라,
사람들 앞에서 어찌 속내를 털어놓겠어요!
얼굴은 냉철해도 마음은 횃불과 같아요,
때마침 만났지만 감히 벙긋하지 못했죠.

(찾아도 보지 못하여, 매우 조급하다. 두 사람은 퇴장한다)
(아백이 등장한다)

아백:

세상에 희한한 일 많지만,
여러분 믿지 못할 것이리.
만마가 내달리던 '삼월가'에서,[16]
궁중에서 꽃구름이 나타난 듯.
우승기를 내 손에 쥐어주니,
그 사랑 바다보다 깊었다오.

---

16) 원문은 三月街. 백족의 전통 축제, 매년 음력 3월 15일부터 21일까지 대리 지역의 창산 아래에서 열린다. 원래 관음보살을 공양하는 종교적 행사였으나 훗날에는 각 민족들이 물물을 교환하는 난장으로 발전하였다. 이 날에는 상업 행위 이외에도 각종 무도와 경마 등이 펼쳐진다. 〈망부운〉 제1막의 배경이기도 하다. 그것의 유래에 대한 설화가 ≪中華民族故事大系≫ 5권, 572-574쪽에 〈三月街的傳說〉이란 제목으로 실려 있다.

(아형과 아진이 등장하여, 놀란다. 아진이 앞으로 나아가 아백을 만나려 하자, 아형이 손을 흔들고 아진을 멈춘다. 사냥꾼도 놀라지만, 망설인다.)

아백: (주저하며) (대사) 공주님이신가요?

아백: (이야기 하듯이)

우승기를 주신 분이 산 속에 오신 건가요?
정말이지 내 마음은 꿈인 양 황홀하네요.
애시 당초 진심으로 아끼셨다면,
하필 수수께끼처럼 놀리시나요?

아형: (이야기 하듯이)

여기서 당신 만날 줄 생각 못했어요.
남들 앞에서 함부로 말하지 마세요.
경마 대회 일은 다시 꺼내지 마세요,
옆의 사람들 괜히 의심할까 두려워요.

아백:

경마 때 당신 만났더니,
바다보다 더 깊은 것이,
당신의 마음이었네.
오늘 당신 다시 만나보니,
바다보다 더 깊은 것은,
헤아릴 수 없는 당신 마음.
어느 날 구름 걷히고 안개 사라질까?

어느 날 바람이 맑고 달이 밝을까?
삼탑사 그림자 거꾸로 비치 듯,
당신의 진심을 비춰볼 수 있게.

아백: 관둡시다!
하늘의 이슬 둥글고 또 둥글 때,
두 사람이 산 앞에서 만났으니,
우리들 한 평생 함께 해야지,
잠시 만나는 걸 원치 않겠소.

가다가다 마음이 가라앉지 않아,
할 말 있으면 돌아와 말 하구려.
가다가다 마음이 가라앉지 않아,
할 말이 있으면 내게 말 하구려.
몇 마디 말을 다하고 나면,
미련 없이 각자 갑시다 그려.
각자 제 갈 길 갑시다 그려.

(아백이 퇴장한다. 아형과 아진은 그를 뒤쫓아 간다. 남녀 청년들이 횃불의 불빛 아래에서 토족무(土族舞)를 추고, 아백이 또 등장하여, 외지고 조용한 나무 아래로 간다.)

아백: (조금 빠르게)
경마 때는 나에게 그토록 관심을 보였거늘,
횃불축제 지금은 내게 짐짓 모르는 체하네.

하늘의 별들은 다 셀 수 없듯이,
아가씨 마음은 추측하기 어렵네.

(아형이 다시 등장하여 인적 드문 나무 아래로 걸어간다)

아형:

어느덧 횃불축제 도래하니,
갖가지 춤을 신나게 추네요.[17)]
횃불 한 복판 속으로 왔더니,
나도 횃불처럼 불타오르네요,

아백:

댁도 횃불처럼 불타오른다면서,
경마 대회의 일은 왜 잊었는지.
천 개 구멍인 등불 본받지 말고,
심지 하나인 촛불을 본받아야지.

아형: (힘차게)

나는 댁 때문에 궁궐을 떠났어요.
나는 댁 때문에 아비를 등졌어요.
나는 댁 때문에 산촌으로 왔어요.
나는 댁 때문에 깊은 숲 들어왔죠.

---

17) 각종 춤의 원문은 봉천화(鳳穿花)와 서산무(西山舞). 민족 무도 중 살아 있는 화석이라 일컬어지는 백족의 전통 춤이다.

아백:

경마 대회 그날 이후,
댁을 마음에 두지 않은 날이 없었네,
일찍이 궁 앞에 가 알아보고 싶었지만,
무기 든 병사들 겹겹 문을 지키더이다.
성벽에서 일찍이 천 번 오락가락하여도,
말 전할 사람 하나도 찾을 수 없었다오.
집으로 와 우승기를 보고 또 보지만,
꿀 먹은 벙어리인 양 말이 없더이다.

(아향이 나무 앞으로 가 엿듣는다. 아진이 손을 휘저어 막는다.)

〈공주와 사냥꾼의 재회〉

아향: (대사) 그들은 친한 친구인가요?

아진: (대사) 그래요. 그들은 매우 좋은 친구예요.

아향: (대사) 아백을 찾으러 왔어요?

아진: (머리를 끄덕이며) 예.

아향: (무용단을 향해 큰 소리로 말한다.) 모두들 와 보세요. 견우직
녀가 오셨으니.

(가무를 멈추고, 그들을 둘러싼다.)

아향: 알고 보니 설마 ….
아백: (대사) 아향 누이, 함부로 말하지 마세요.
아향: (이야기 하듯이)

내 말하지 않아도 원래 당신이지요.
당신들은 하늘이 맺어준 짝이지요.
내 말하지 않아도 당신 알고 있지요,
그녀에게 신비한 화살 하나 주었었죠.

아향: (조금 빠르게)

견우와 직녀가 나타났어요.
그들이 세상에서 만났어요.
빨리 혼인 춤을 추세,
은하수 기슭 양쪽에서.

('영친무(迎親舞)'[18]를 추며, 아백을 신랑으로 삼고 아형을 신부으로 삼는다. 붉은 무늬 비단 공을 아백의 몸에 걸어주고, 구리거울을 아형의 목에 걸어주며, 즐겁게 노래하고 춤춘다.)

---

18) 결혼을 축하하는 전통 무도.

(‘영친무’는 앞 장면과 같다. 세 번째 단락을 출 때, 남조 대장군 한 명이 병사들을 이끌고 등장한다. 군중이 놀라 허둥지둥한다.)

제창: (조금 빠르게, 활발하게)

은하수 위에 오작교를 놓자,
견우직녀가 다리를 건너도록,
오동나무 위에 영지가 달렸네.
사람은 둘이지만 목숨은 하나,
사람은 둘이지만 목숨은 하나.
팔월 십오일 밝고 둥근 달처럼,
작은 구리거울을 가슴 앞에 걸세.
구리거울처럼 길이 깨지지 않게.
천 리 인연도 실 하나로 묶는 법,
천 리 인연도 실 하나로 묶는 법.
꽃 위의 꽃, 꽃 위의 꽃이라,
다정한 이들 한 집안 이루고,
다정한 이들 한 쌍을 이루니,
신선도 그들을 부러워하리라.

대장군: (보통 빠르기로, 멀리에서부터 가깝게)

국왕과 왕후께서 하명하셨노라,
산촌에 가 공주님 모셔 오라고.
공주님 빨리 정리하고,
궁으로 돌아가시지요.

아형: (조금 빠르게)

딸에게 활과 화살을 쓰고,
혈육에게 창칼을 쓰라더냐.
이렇게 모진 일이 있으랴,
네 놈들 간덩이 부었구나.

(대장군, 호위병, 궁녀가 등장한다.)

대장군:

공주께서 궁궐을 떠나시니,
국왕께서 좌불안석이시지요.
겨우 여기서 찾았으니,
공주시여 돌아가시지요.

공주님께서 궁을 나가신 뒤,
국왕께서 매우 슬퍼하시고,
왕후께서는 눈물 흘려서,
두 눈이 온통 빨갛답니다.

아형: (분노하며)

나는 캄캄한 감옥을 통한하노라.
나는 허위의 눈물을 혐오하노라.
난 즐거운 여기서 죽기 원하노라.
영원히 후회하지 않으리라.
영원히 후회하지 않으리라.

군중: (보통 빠르기로)

그녀는 깜깜한 감옥을 통한하네.
그녀는 허위의 눈물을 혐오하네.
그녀는 즐거운 여기서 죽기 원하네.
그녀는 영원히 후회하지 않는다네.

(나전과 단창이 등장하여, 사납게 호위병과 궁녀들을 지휘하여 아형을 빼앗아 간다. 아형이 신비의 화살을 아백에게 건네준다. 아백이 바로 활을 잡으려하나, 단창이 이미 칼을 뽑아 얼굴 앞으로 가져온다. 아백도 칼을 뽑아 단창과 싸운다. 단창이 싸워 패하나, 아백도 상처를 입고 무대 위로 쓰러진다. 군중들이 아백을 위하여 상처를 싸매준다. 남조의 병사들이 군중을 내쫓는다. 병사들이 아백이 이미 죽은 줄 알고, 황급히 퇴장한다. 무대 위의 불빛은 점점 어두워진다. 잠시 뒤 아백이 천천히 소생하여 신비의 활을 꺼낸다.)

아백: (간구하듯이)

이 신궁은 대대로 전해 왔거늘,
오늘은 전혀 써보지도 못했구나.
단지 사냥신께 구원을 간청하고자,
공중을 향해 신비의 화살을 쏘노라.

(공중을 향해 화살을 쏘니, 공중에서 우레가 한번 울리고, 사냥신 두조선이 출현한다.)

두조선: (보통 빠르기로, 자비롭게)

그대의 일편단심 진정으로 어여쁘구나,
마음속의 사람이 연기되어 사라졌느냐?
그대는 이렇게 상심할 것 없단다,
내가 네게 날개 한 쌍을 주겠노라.
허나 호수 동쪽을 넘어가면 안 되니,
나의 말을 마음속에 명심해 두어라.
그대 충정이 이러하니,
아형을 꼭 찾아오리라.

(다시 우레 소리가 울리자 사냥신이 보이지 않는다. 아백이 그의 몸을 더듬어 보니 이미 날개가 생겨났다. 그는 기쁘게 날며 춤춘다. 군중이 다시 등장한다.)

아백: (보통 빠르기로, 기쁘게)

자상하신 사냥신이시여,
제 일편단심 어여삐 여겨,
한 쌍의 날개를 주셨나니,
눈은 밝고 몸은 가볍구나.
난 허공에서 공중제비 넘고,
큰 매를 따라 날아오르노라,
삼탑사 탑 그림자와 돛단배를 보고,
이해 호수의 크고 작은 섬들 보노라.[19]

아백: (보통 빠르기로, 더욱 즐겁게)

하늘 끝 바다 끝까지 날아가리라.
달 밝고 바람 맑은 곳 날아가리라.
산이 아득하고 물이 멀어도,
꼭 아형을 구해 돌아오리라.

나는 철옹성도 두렵지 않노라.
난 고산준령도 두렵지 않노라.
올가미 천지를 뚫고,
아형을 구해 오리라.

군중: (보통 빠르기로, 열렬하게)

그는 이미 날개가 생겼네.
그는 하늘을 날 수 있네.
사냥신이 그에게 날개를 주니,
아형을 구하여 돌아올 것이네.
아, 곧으신 사냥신이시여,
존경스러운 사냥신이시여,
원하나니 당신의 두 눈으로,
길이 우리 인간들 돌보시길.

---

19) '크고 작은 섬'의 원문은 금사(金梭)와 옥의(玉椅)로, 모두 호수 안에 있는 섬 이름이다.

제4막 오화루(五華樓)

제1장

시간: 횃불축제 하루 다음날의 오후.
장소: 오화루 아래의 화원

(국왕과 황후가 공주를 심문한다.)

국왕: (보통 빠르기로, 흥분하며)
　계집애가 이렇게 간이 부었지,
　궁을 나가 가법을 어기는구나.
　어미가 응당 가르쳐야 하지,
　딸이 마땅히 해야 할 일을.
　그 애를 잘 타일러야 하리.
(공주를 향하여)
　그 사냥꾼은 이미 죽었나니,
　스스로 그물에 뛰어 든 꼴!
　너는 그래도 무슨 미련이냐?
　곰곰이 생각을 좀 해보아라.

왕후: (보통 빠르기로, 이야기 하듯이)
　네가 궁을 도망친 이후로,
　내 마음은 타고 근심 뿐.

계집애가 이토록 간이 부어,
부모 부들부들 화나게 하네.

왕궁에 고운 비단 넘치고,
진주와 비취도 넘쳐나고,
궁녀와 시녀도 넘쳐나고,
산해진미도 넘쳐나거늘.

네 아비 육순을 넘기셨고,
단지 딸 하나만을 두었네.
일찌감치 부마를 찾아야,
아비 맘속 대사를 이루지.

공주: (보통 빠르기로, 이야기 하듯이)
난 늙으신 부친이 걱정이나,
난 음침한 궁정을 증오해요,
난 즐거운 세상에서 죽기 원해요,
나는 영원히 후회하지 않아요!

왕후: 사냥꾼은 이미 죽었어!

공주: (조금 빠르게, 분노하고 원망하며)
당신들이 음모하여 그를 죽였구려,
횃불축제에 칼질한 원한 못 잊으리.
설사 그가 죽어 바위가 되면,

나는 푸른 이끼가 될 것이요.
당신들이 온갖 꿍꿍이셈인들,
나는 죽음으로 맞설 것이요.
푸른 소나무 되어 도끼에 부러질지언정,
순한 양으로 당신 술상에 오르지 않으리.

국왕: 정말 방자한 계집 같으니! 여봐라, 공주를 다락 위로 보내라!

(궁녀들 공주를 부축하여 다락집으로 올라간다.)

국왕: 호위병들은 잘 지켜야 한다!

호위병: 알겠습니다.

단창: (앞으로 나아가 사냥꾼의 두건을 땅위에 던지며) 사냥꾼은 죽었어!

공주: (놀라며, 그러나 또 믿지 않고) 그는 죽을 리 없어!

국왕: 왕비, 공주를 잘 가르치시오!

왕후: 이 계모 노릇도 못해 먹겠어요. 아진이 가장 못된 년이지, 공주를 부추기고, 공주를 망쳐놓으니, 국왕께서 속히 처벌 하소서.

국왕: 끌어내라!

단창: 알겠습니다! (칼을 빼어 침실로 들어가, 아진을 잡아내 바닥에 내친다.)

국왕: 이 나쁜 계집애, 간덩이가 부었구나. 무슨 짓을 했느냐? 속히 이실직고 하라!

(아진 일어선다.)

아진: (보통 빠르기로, 흥분하며)

내 한 목숨 바쳐,

이실직고 하지요.

국왕이시여 큰일에요.

나쩐은 법도 하늘도 없거니와,

궁궐에서 음모를 꾸며대나니,

공주를 단창과 결혼시키려고.

그래요 제 생각이었어요,

궁을 나가 이모를 찾자고.

제가 갈아입을 옷을 구해,

공주님을 바꿔 입혀드렸죠.

모두 제가 왕법을 범한 것이니,

공주님과는 아무런 상관없어요.

왕후: 이 죽일 년, 모반이다! 모반이야! (크게 운다.)

공주: (당황하여 다락집에서 내려온다.) 아진, 너 미쳤어. 내가 꾸민 일이니, 아진은 아무런 상관이 없어요.

아진: 저는 조금도 미치지 않았어요. 저는 죽음이 두렵지 않아요!

국왕: 야아! 정말로 못된 년이로군! 온통 멋대로 떠들어대는구나. 단창, 저 계집을 끌고나가 목을 베도록 하라!

단창: 알겠습니다. (칼을 뽑아 호위병을 지휘하며, 아진을 끌고 간다.)

아진:

당신네 음모와 모략을,
나는 똑똑히 보았노라.
당신들은 손으로 하늘 가리고,
당신들은 몰래 음모를 꾸몄지.
경마 대회를 마련하고서,
오직 공주를 괴롭혀댔네.
올가미 천지를 벗어나려 했거늘,
당신들에게 다시 붙잡힐 줄이랴!
나는 죽음이 두렵지 않아!
나는 죽음이 두렵지 않아!
그저 가련한 나의 공주님!
그저 가련한 나의 공주님!

공주:

어려서부터 그림자인 양 의지하였지,
내 곁을 한 치도 떠난 적이 없었지.
비록 궁중의 시녀이지만,
이미 피붙이 자매이었지.
나를 위해 온갖 고생 당하고,
나를 위해 온갖 처벌 받았지.
그들이 정말 너를 죽인다고,
안 돼, 안 돼!

(단창을 향하여)

네놈들 먼저 나를 죽여라.

(아진을 잡고서 놓지 않자, 단창이 공주를 밀어내어 땅에 넘어뜨린다.)

이리 승냥이 같은 놈들아,
빨리 아진을 돌려 주거라.
빨리 아진을 내게 돌려줘,
돌려달란 말이다!

(단창이 이미 아진을 끌고 나간다.)

아진:

공주님!
우리 불쌍한 공주님.
공주님!
우리 불쌍한 공주님.

공주:

아진아!
아진아!
나의 불쌍한 동생아!

(공주가 혼절한다.)

제2장

시간: 밤은 이미 깊고, 달빛만 교교하다.

장소: 앞 장과 동일

(막이 열리면, 공주, 즉 아형이 침실에서 베란다를 향해 걷는다.)

아형: 아진, 네가 죽다니, 죽다니, 나 혼자 남겨두고. 그리고 나의 아백이여!

아형: (조금 느리게, 조용하게, 환상하듯)

달빛은 이렇게도 좋건만,
궁벽은 이렇게도 높구나.
당신은 오늘 밤 어디 계시나요?
내 가슴이 찢어지고 아프네요!

당신 죽었다 그들 말하나,
나는 끝내 믿을 수 없어요.
그대 꼭 나를 구하러 오리니,
나는 죽도록 그대를 기다리리.

나는 새장에 갇힌 새의 신세,
날지도 울지도 노래도 못해요.
정신을 잃은 두 눈에는,
눈물마저 말라 버렸어요.

날이면 날마다 창밖을 바라보며,
한마음으로 댁 날아오길 바래요.
원컨대 날개가 생겨,
나를 만나러 오시길.

아주는 진작 그들에게 맞아 죽었고,
아진도 또한 그들에게 살해 되었죠.
나도 목숨을 내걸 작정이니,
그들 꿍꿍이 따를 수 없어요.

왜 그대 모습이 보이지 않는가요?
왜 그대 목소리 들리지 않는가요?
그대 풍랑을 헤치고 빨리 오세요,
저는 이를 악물고 기다릴 터이니.

(아백이 무대 뒤에서 노래하는 것을 공주가 듣는다.)

아백: (보통 빠르기로)
호수 동쪽에서 창산까지 날고,
옥국봉에서 궁궐까지 날았더라.
열아홉 봉우리 다 찾아도,
아형 그대 만날 수 없구려.

몹시도 구슬픈 이 목소리,
소리마다 허공에 떠는구나.

이 목소리 매우 친숙하니,
그녀가 귓가에 있는 듯.
팔월십오일 달 밝은 이 밤에,
집집마다 대단원 축하하거늘.
그대 찾아 월궁으로 날아갈까?
아형 그대는 어디에 계시나요?

아형: (공중을 향해 바라보며, 흥분하며)
그 분이 정말로 오셨네요,
정말로 그 분 목소리일세.
큰 소리로 노래 불러야지,
아백 오라비 어디 계세요?
저는 깊은 궁중에 갇혀서,
창칼들이 지키고 있어요.
오화루에서 창산을 바라볼 뿐,
어디로 도망갈 수 있겠어요?

아백:
과연 나의 아형이구나,
그대 기다리고 있었네.
그대 음성 듣고 나니,
날개가 절로 펴지노라.
산이 높고 물 깊을지라도,
감옥이든지 불구덩이든지,

견우는 직녀를 만나는 법!
누이야 마음을 놓으시구려.

아형: (쾌활하게)
아백 댁은 꼭 제비 같아,
봄이 되자 날아오시네요.
저는 봄맞이 버들 같아,
제비 오기만 기다렸지요.

(호위병들은 이미 깊이 잠들었다. 아백이 베란다 위로 날아간다. 그들은 베란다에서 만나는데, 슬픔과 기쁨이 교차한다.)

〈그대는 나의 날개〉

아형: (보통 빠르기로 흥분하며)

눈물을 흘리며 즐겁게 웃나니,
꿈에도 생각하지 못했기 때문.
이생에 만날 수 없다 여겼거늘,
그대가 정말 정말로 오셨네요.
달이 중추절이 되어 둥글 듯,
내 마음엔 꽃이 활짝 피네요.
온 하늘의 구름 안개 사라지고,
차가운 마음 다시 따뜻해져요,
저도 매일 날아오길 바랐더니,
댁은 정말로 날개가 생겼네요.

아백:

정직한 사냥신께서,
내게 날개 한 쌍 주셨소.
달빛을 타고 날았더니,
과연 당신을 찾았구려.
오늘밤 당신을 보니,
예전 모습 아니구려.
즐겁고 쾌활하던 아가씨가,
어찌 이리 처량하게 되었소?

아형: (보통 빠르기로, 기쁘면서 흥분하며)

지난날 일들 봄날 태양과 같이,

내 마음을 눈부시게 비추었지요.
밤마다 그대 꿈이더니,
정말로 그대 만났네요.

아백:

마음속의 말은 일시에 다할 수 없고,
마음속 고충 일시에 쏟을 수 없구려.
당신이 예전과 같이 용감하시다면,
이 무서운 궁궐을 도망쳐 나갑시다.

(아백이 그녀의 비단 띠를 끌고 하늘로 날아간다.)

아형:

그대는 나의 날개가 되어,
날 데리고 하늘을 나네요.
바깥의 경치는 너무 아름답고,
십오일의 달은 정말 둥그네요.

아백:

나는 그대의 날개가 되어서,
그대 데리고 하늘을 나노라.
달빛은 휘영청 밝고,
은하수 가에 견우직녀 서있구려.
비단 띠로 은하수의 오작교 삼아,
달빛 타고 옥국봉으로 날아갑시다.

(아백과 아형이 날아간 후, 호위병들이 꿈에서 깨어난다. 호위대장이 호위병을 이끌고 등장.)

호위병 갑: 공주님께서 도망가셨다!
호위대장: 정말이냐?
호위병 갑: 정말로 도망가셨습니다.
호위대장: 겹겹이 지켰는데, 공주님이 날 수 있단 말이냐?
호위병 갑: 정말로 날아 가셨습니다.

(호위병은 활시위를 당겨 하늘을 향해 쏜다.)

호위병 갑: 저 긴 날개 달린 요괴가 공주를 잡아 간다.
호위병 을: 정말 날 수 있는 요괴일세.
호위대장: 쓸모없는 놈들, 뒈질 놈! 어서 종을 울리고 북을 쳐라!

(종과 북이 일제히 울리고, 국왕, 왕후, 단창, 나전, 호위병, 궁녀들이 등장한다. 모두 공중을 바라보는데, 은은하게 노래 소리가 들린다.)

국왕: (합창 소리 속에서) 이런 쓸모없는 놈들, 또 공주를 놓치다니, 정말 화가 나 죽겠다!
왕후: 어쩌면 좋아요?
나전: (크게 웃으며) 국왕께서는 조급해 하지 마십시오. 제가 법술을 부리면 그들은 도망치지 못합니다. 그놈이 날개가 있다 하더라도, 저의 물샐틈없는 올가미를 빠져 나갈 수 없습니다.

가사를 펼치기만 하면, 온 천지가 어두워지고 천둥과 번개가 일어날 것입니다. 그놈을 때려잡아 호수에 가라앉혀서 영원히 벗어나지 못하게 할 것입니다.

아형:

당신은 나의 날개가 되어,
날 데리고 하늘을 나네요.
바깥의 경치는 너무 아름답고,
십오일의 달은 정말 둥그네요.

아백:

나는 그대의 날개가 되어서,
그대 데리고 하늘을 나노라.
달빛은 휘영청 밝고,
은하수 가에 견우직녀 서있구려.
비단 띠로 은하수의 오작교 삼아,
달빛 타고 옥국봉으로 날아갑시다.

제5막

제1장

시간: 동틀 무렵

장소: 높은 봉우리 아래쪽의 산굴, 사방의 벽은 종유석이다.

아형: (보통 빠르기로, 매우 아름답게)

푸릇푸릇한 초원은 한창 봄날이고,
쪽빛의 산 빛깔은 또 여름 같네요,
온 산의 붉은 잎은 바로 가을이고,
봉우리의 백설은 또한 겨울이네요.[20)]
용녀화(龍女花) 마침 피니,
곱게 오려놓은 달과 같네요.
그대는 날 위해 활을 짊어지고,
열아홉 봉우리에서 사냥을 하면,
난 밤에 소나무 가지로 불 피워,
부지런히 실을 뽑아 베를 짜지요.
난 비단 주머니에 수를 놓으리니,
아름다운 풍광을 수놓으려 하지요.
흰 구름으로 날실을 만들어,
양치기 소녀를 왼쪽에 수놓고,
붉은 구름으로 씨실 만들어,
사냥신은 오른쪽에 수놓지요.
주황색 구름을 꿰어 넣어서,
그대와 난 가운데에 수놓고,
달을 오려 위쪽에 붙여두어,
영원히 우리 노래를 비추지요.

20) 창산은 드높아 일 년 사계절 경치가 공존한다. 이로써 시간 가는 줄 모르고 두 사람이 행복하게 지내는 것을 표현하고 있다.

그들의 심보가 흉악할지라도,

우리들을 갈라놓을 수 없죠.

아백: (보통 빠르기로, 유쾌하게)

옥국봉은 만 길 높이이어서,

큰 매도 날아오르지 못한다오,

웃음 짓는 용녀화 정말 예쁘고,

춤추는 소성화도 막 피었구려.

태양이 산봉우리 뒤쪽으로 숨자,

달님이 호수 동쪽에 떠오르는구려.

우리 동굴 속엔 등불이 없어도,

호수 섬이 바로 달님 촛대이라오.

우리 동굴 안에는 발이 없어도,

예쁜 꽃나무가 동굴 앞에 있다오.

나는 사냥을 하고 당신은 천을 짜니,

먹을 걱정도 입을 걱정도 없으리로다.

아백: 내가 사슴을 가지고 올 터이니, 우리 사슴고기를 구워 먹읍시다.

아형: 난 차를 끓이지요.

(아백이 사슴을 끌어오고, 칼로 가죽 껍질을 벗긴다. 아형은 찻잔을 가지고 온다. 화로에서 차를 굽자, 차 연기가 하늘거리며 올라간다. 차의 향이 진동한다. 아형이 차 한 잔을 아백에게 건네고, 아백이

막 받아드는데, 갑자기 광풍이 크게 일어나, 산이 흔들리고 땅이 움직인다. 두 사람이 함께 껴안는다. 우레 소리와 폭풍우 소리가 울린다.)

아형: 어마나! 무슨 일이죠?
아백: 참 이상하네, 바람이 이렇게 거세다니?

(바람이 더욱 세차져서, 온 산의 꽃들이 모두 떨어지고, 나뭇가지들도 끊어진다. 큰 나무 한 그루가 동굴 밖에서 넘어진다. 온 무대에는 붉은 색의 꽃잎이 날리는데, 붉은 비가 내리는 것 같다. 삽시간에 또 눈꽃으로 변하여, 온 무대에 눈꽃이 휘날린다.)

(조금 빠르게)
아백: 정말로 거센 눈보라일세!

아형: (조금 빠르게)
바위마저 무너지고 부서지고,
꽃나무 모두 시들고 떨어져요.
용녀화도 말라 죽어,
조각조각 떨어지네요.

아백: 아형, 어서 동굴로 들어갑시다!

(그들이 동굴 속으로 들어간다.)

아백: (보통 빠르기로, 침통하게)

이처럼 미친 바람과 거센 눈에는,
새들도 모두 종적을 감추는 법.
깊은 궁궐에서 자란 그대가,
어떻게 이 추위를 견디겠소.

아형: (보통 빠르기로, 조금 안심하며)

동굴 안에 솔가지를 피우면,
저는 충분히 매우 따뜻해요.
그저 그대가 곁에 계시면,
영원히 봄날이지요.

〈그대만 계신다면〉

아백:

누가 풍파를 일으키는 걸까?
반드시 나전과 단창이리라.
그들은 왕비와 결탁하여,
우리를 갈라놓으려 하네.

아형:

쌓이고 쌓인 새 원한,
맺히고 맺힌 옛 원한.
우리를 갈라놓으려 하다니,
그놈 속은 모질기도 하네요.

아백:

나전에겐 특별한 가사가 있어,
그 힘으로 풍파를 일으킨다오.
내가 가사를 빼어오면,
그가 다시 산을 막지 못하리라.

아형:

당신이 떠나시면,
저는 얼마나 외로울까요.
그대 곁 떨어지기 싫어요.
바깥에 한창 폭풍이 불고 있거늘,
저는 놀라 몸이 부들부들 떨려요.

〈그대를 위해서〉

아백: 두려워 마세요! 곧 돌아오겠소. (활을 메고 칼을 찬다)

아형: 가지 마세요. 가지 마.

아백: 가지 않으면 어떡해요?

아형: 너무 위험해요! (눈보라가 더욱 거세진다.)

아백: 반드시 가사를 빼앗아 돌아오겠소. 눈보라가 곧 그칠 거예요, 두려워하지 마세요!

아형: 제가 걱정하는 것은 당신이에요! (그의 품으로 뛰어든다.)

아백: (보통 빠르기로, 단호하게)

우리들의 생존을 위해,
꼭 가사를 뺏어 오리다.
나는 빙설이 두렵지 않소!
나는 우레가 무섭지 않소!
나는 두 날개가 있거니와,

나는 믿음으로 용기백배한다오.
난 눈보라를 물리칠 수 있다오,
나는 운무를 뚫을 수 있다오.
내게 또 신비한 화살 둘 있다오.
하나를 주노니 몸을 보호하시오.
다른 한 발은 내가 갖고 가,
못된 놈 가슴을 뚫어놓겠소.
동굴 속에서 가만히 숨어서,
닥치는 죽음 기다릴 수 없소.

아형:
나는 그대 말 들으니,
일순간 담대해지네요,
그들과 생사를 결판내서,
옥국봉 태양 다시 봅시다.

아백: (자신감 있게)
온 하늘의 눈이 화살처럼 쏟지라도,
찬 바람이 칼처럼 얼굴을 벨지라도,
난 반드시 그놈 요술을 부수고,
꼭 가사를 빼앗아 돌아오리라,
봉미초(鳳尾草)가 다시 푸르고,
용녀화(龍女花) 다시 피어나게!

아형: (보통 빠르기로)

당신이 싸워 이겨 돌아오기를 기다리리라,
댁은 사냥, 난 베를 짜며 즐겁게 지내도록.
봉미초는 반드시 다시 푸르게 되고,
용녀화는 반드시 다시 피어나리라!

(아백이 날개를 펼쳐 공중을 향해 날아간다.)

아형: (느리게)

동굴 밖에서 멀리 바라보네.
그이가 하늘에서 훨훨 나네.
층층의 폭풍을 뚫고,
겹겹의 눈보라 뚫네.

하늘 가득한 먹구름 뚫네.
눈도 위험도 두렵지 않네,
먹구름이 하늘을 가리니,
그의 행방이 보이지 않네.

(대사) 아백, 조심하세요, 조심해!

제2장

시간: 아백이 옥국봉을 떠난 지 얼마 뒤
장소: 옥국봉. 무대 장치는 앞과 동일하다.

(아형이 봉우리 제일 높은 곳에 서서 호수 동쪽을 바라보고 있다. 눈보라가 끊임없이 그녀를 습격한다.)

아형: (조금 느리게)

나는 산 속에서 기다리건만,
왜 그는 오시지 않는 게지?
일각이 지나고 또 일각이건만,
왜 그이는 오시지 않는 게지?

일경이 지나고 또 일경이건만,
왜 그이는 오시지 않는 게지?
하룻밤 지나 또 하룻밤이건만,
왜 그이는 오시지 않는 게지?

새벽부터 자정까지 바라보건만,
왜 그이는 오시지 않는 게지?
나쩐은 너무나 흉악하나니,
필시 그의 모해를 당했을까?

나는 추위는 참을 수 있네.
배고픔도 참을 수 있다네.
단지 그가 내 곁에 없으면,
나는 하루도 살 수가 없네.

아!
그가 돌아오는 것이 보이네,

알고 보니 산 속의 큰 매일세.
아!
그의 웃는 소리가 들리네,
알고 보니 호수의 파도일세.

나는 봉우리에서 눈이 빠지건만,
나의 '나는 사람' 돌아오지 않네.
굴 앞 용녀화 고개 떨구고,
온 산에 낙엽이요,
온 땅에 낙화일세.

(계속해 북소리, 종소리, 우레 소리, 눈보라 소리, 말굽소리, 칼날소리, 함성소리가 들린다. 아형은 산 속에서 왔다 갔다 하며, 어쩔 줄을 몰라 하며 바라본다.)

아형: (보통 빠르기로, 흥분하며)
아백 오라비,
당신이 이겼나요, 이겼어요!
아백 오라비,
당신 돌아오나요, 오신가요!
아백 오라비,
당신이 가사를 갖고 돌아오시네요!
아백 오라비,
당신이 기쁘게 돌아오시네요!

아백 오라비,
당신이 즐겁게 돌아오시네요!
아백 오라비,
당신이 정말로 돌아오시네요!
아백 오라비,
빨리 오세요, 빨리 오세요!
나는 정말 기뻐요 정말로 기뻐!

(하늘에 붉은 구름이 나오고, 구름은 점차 밝아진다. 붉은 구름 속에 아백이 가사를 가지고 하늘로부터 내려온다.)

아형:
아백 오라비,
당신이 돌아오시네,
돌아오시네요!
조심하세요,
조심해!

(아백은 이미 공중으로 날아올라 아형을 향해 날아간다. 공중에는 천둥과 번개가 치더니, 사냥꾼이 호수에 가라앉는다. 그는 호수 속에서 풍랑과 싸우며 크게 소리친다.)

아백: 아형! 아형 누이!
아형: 아백! 아형 오라비!

(다시 한 번 천둥이 치고, 사냥꾼이 호수 바닥으로 가라앉는다. 은은하게 외친다.)

아백: 아형 누이!
아형: 아백 오라비!
아백: 아형 누이!
아형: 아백 오라비! … 아백 오라비! …

(아형이 쓰러진 뒤, 다시 바닥에서 천천히 깨어나, 용감하고 강인하게 바위 위에 선다.)

너희들 양심머리 없는 놈들아!
끝내 네놈들이 그를 해쳤구나.
너희 이놈들 정말 흉악하구나.
나는 거센 폭풍이 되리라,
너희들 가루로 만들 거야!
나는 호수를 불어재껴,
나의 사냥꾼을 볼 거야!
나는 호수를 불어재껴,
물속 원한을 풀어줄 거야!
나는 죽어도 고개 돌리지 않아,
바다가 마르고 바위가 썩도록.

(아형이 신비한 화살을 꺼내 절단하여, 산골짜기로 던진다. 즉시 흰

구름이 일어나기 시작한다. 공주가 바위 위에서 차츰 망부운으로 변한다. 광풍이 크게 일기 시작한다.)

〈이 몸은 구름이 되어〉

군중 합창: (조금 빠르게)

아!

아씨가 오시네!

아!

폭풍이 오시네!

만 길 파도를 말아 올리니,

자기 낭군을 찾는다네.

아 아 아 아!

그녀는 매우 가련하게 죽었다네.

무참하게 창산 아래서 죽었다네.
그녀는 호수를 불어재껴,
낭군을 만나보려 한다네.
우리 빨리 돛을 내려놓고,
물가에 가서 잠시 멈추세.
아 아 아 아!
정말 억울하게 호수에 가라앉아,
천 년 원한이 된 것이라네.
폭풍아 호수를 불어재껴라,
'나는 사람'을 만나 보도록.
아씨!
당신은 용녀화처럼 아름답고,
푸른 소나무와 같이 정직하네.
어두운 궁궐을 도망쳐 나왔건만,
그들이 괴롭혀 죽게 만들었다네.
아씨!
당신은 눈물을 폭풍으로 바꾸고,
폭풍으로 눈물을 대신하여,
남조 국왕의 옥좌를 넘어뜨리고,
나전의 절을 구름으로 날리소서.

산더미만한 파도를 일으켜,
호수 물을 하늘로 날리고,
물가 바위를 말아 올리소서.

'나는 사람'을 찾지 못하면,
영원히 멈추지 않으리라,
멈추지 않으리라.

참고문헌

徐嘉瑞, 鄭律成 저, ≪望夫雲≫, 天津, 百花文藝出版社, 1959.
徐嘉瑞 편극, 鄭律成 작곡, ≪望夫雲≫, 北京, 中國戱劇出版社, 1963.
丁雪松 등, ≪作曲家鄭律成≫, 沈陽, 遼寧人民出版社, 1983.
張非 등, ≪論鄭律成 - 鄭律成音樂作品硏討會論文集≫, 延邊人民出版社, 1987.
편집위원회, ≪中國大百科全書≫, 中國大百科全書出版社, 1992.
王新民, ≪中國當代戱劇史綱≫, 北京, 社會科學文獻出版社, 1997.
高文升 주편, ≪中國當代戱劇文學史≫, 南寧, 廣西人民出版社, 1990.

4. 소수민족의 애잔한 자화상
: 민간설화 〈망부운〉

4-1 머리말

대리석으로 유명한 중국 운남(雲南) 대리(大理)는 뒤로 창산(蒼山)을 등지고 앞으로 이해(洱海)를 안고 있는 곳으로, 유달리 흰색을 좋아하는 백족의 자치 지역이다.[1] 이곳에는 〈망부운(望夫雲)〉이라는 신화전설이 널리 그리고 오랜 세월에 걸쳐 유전되어오고 있다.

창산 봉우리 중의 하나인 옥국봉(玉局峰)에 겨울이 되면 여인을 닮은 기이한 '구름'이 피어오른다. 그와 동시에 이해에는 폭풍이 일어나고 파도가 치면서 호수 아래에 잠겨있던 '너럭바위'가 드러난다. 그런데 그 '구름'과 '너럭바위'는 지고지순한 사랑을 하던 공주와 사냥꾼이 변한 것이라 한다. 법사의 주문에 걸려 사냥꾼이 '돌 노새'가 되어 호수에 가라앉자, 남편(夫)을 기다리던(望) 공주가 죽어 구름(雲)이 되었다. 그래서 '망부운'이라 하는데, 그것이 출현하면 어부는 배를 멈추고 행인은 걸음을 멈춘다.

---

1) 馬曜, ≪大理文化論≫, 192쪽. "白族, 中國的少數民族. … 一說其俗尙白而稱爲白人."

필자가 소수민족의 신화전설인 〈망부운〉에 대해 관심을 갖게 된 동기는, 〈연안송〉 〈중국인민해방군가〉 등을 지어 중국의 3대 혁명음악가로 추숭되는 한반도 출신의 정율성이 이를 제재로 하여 동명의 가극(歌劇: 오페라)을 창작하였기 때문이다. 가극 〈망부운〉은 정율성의 음악과 중국 가극 역사에서 큰 비중을 차지하지만, 이에 대해서는 제6장에서 별도로 논의할 예정이다. 〈망부운〉은 민간설화 그 자체로 충분히 주목할 만한 연구 과제이다.

〈망부운〉은 백족의 민간문학을 대표하는 작품 중의 하나이다. 따라서 백족의 문화를 이해하는 데 〈망부운〉은 매우 적절한 자료라 할 수 있다. 제2장에서 살펴보았듯이 백족의 자연적 환경과 역사적 삶을 고스란히 담고 있는 민간설화이기 때문이다. 뿐만 아니다. 중국의 '해방' 이후 많은 사람이 〈망부운〉을 채록하여 정리하고 나아가 연구를 진행하고 있는데, 이에 대한 검토를 통하여 우리는 중국인의 소수민족문화에 대한 인식을 살펴볼 수도 있다. 즉 '중심'과 '다수'로서 '주변'과 '소수'를 바라보는 관점과 그것의 문제점을 확인할 수 있을 것으로 기대한다. 사실 소수민족문화에 대한 관심은 중국 정부의 소수민족정책과 밀접하게 연계되어 있다. 때문에 〈망부운〉 연구는 백족 민간문학과 문화를 살펴보는 통로이자, 한편으로는 중국의 소수민족에 대한 인식과 정책을 가늠해보는 잣대라 할 수 있겠다.

4-2 설화 〈망부운〉의 탄생

〈망부운〉 설화는 비록 유구한 역사를 지니고 있으나 백족의 언어(白語)로 구전되어왔을 뿐이고, 문헌에 문자로 기록된 역사는 매우 짧다. 명·청대에 들어서야 비로소 지방지(地方志) 등에 기록되기 시작하는데, 현재 구전되고 있는 〈망부운〉에 여러 이본(異本)이 존재하듯이, 문헌 역시 당연히 기록에 따라 상당한 차이를 보인다.

청(淸) 강희(康熙) 45년(1706)에 초고가 완성된 ≪고금도서집성(古今圖書集成)≫ 〈산천전(山川典)〉 196권은 ≪대리부지(大理府志)≫를 인용하여 〈망부운〉을 다음과 같이 기록하고 있다.

> 세상에 전하길, 옛적에 어느 가난한 사람이 창산의 신을 만났는데 기이한 술수를 전수해 주었다. 그래서 문득 날개가 생겨 날 수가 있었다. 하루는 남조(南詔)의 궁궐에 이르러, 공주를 납치하여 옥국봉으로 들어가 부부가 되었다. 무릇 먹고 마시고 사용할 것을 모두 조달할 수 있었다.
>
> 후에 공주에게 편안한지 묻자, 다만 너무 추울 따름이라고 하였다. 그 사람이 하동(河東)의 고승에게 칠보가사(七寶袈裟)가 있다는 소리를 듣고서, 날아가서 훔쳤다. 돌아올 적에 고승이 깨어나 법력으로 그를 제압하니, 마침내 물에 빠져 죽었다.
>
> 공주는 남편을 기다리다 오지 않자, 울적하여 죽고 말았다. 그녀의 정기가 구름이 되어 오르락내리락하는데 마치 남편이 오는가를 살피는 것 같았다.
>
> 이 구름이 일면, 이해 호수에도 곧 구름이 생겨 호응하고, 폭풍

이 크게 일어나서, 배들이 감히 운행하지 못했다. 그래서 사람들은 '망부운'이라 부르고, 또 '무도운(無渡雲)'이라 불렀다.[2]

≪대리부지≫의 저술 연대는 알 수 없으나, 명(明) 만력(萬曆: 1573-1620) 연간에 이지양(李之陽)이 찬술한 ≪운남통지(雲南通志)≫에도 거의 동일한 기록이 들어있으므로[3] 현재로서는 가장 빠른 자료로 보아도 무방하다. 비록 '가난한 사람'이 '고승'에게 제압당하는 과정이 간략하여, '돌 노새' 화소(話素)를 확인할 수 없지만 현재 유전되고 있는 〈망부운〉의 나머지 주요 화소를 기본적으로 구비하고 있다.

민국(民國) 시기 주정린(周宗麟)이 편한 ≪대리현지고(大理縣志稿)≫에는 여주인공의 신분이 공주가 아니고 궁녀인 이본이 수록되어 있다.

---

2) "俗傳昔有人貧困, 遇蒼山神授以異術, 忽生肉翅, 能飛. 一日至南詔宮, 攝其女入玉局峰爲夫婦, 凡飲食器用, 皆能致之, 後問女安否? 女云, 太寒耳. 其人聞河東高僧有七寶袈裟, 飛取之. 及還, 僧覺以法力制之, 遂溺死水中. 女望夫不至, 憂鬱死. 精氣化爲雲. 倏起倏落, 若探望之狀. 此雲起, 洱海卽有雲應之, 颶風大作, 舟不敢行, 人因呼爲望夫雲, 又呼爲無渡雲." 鼎文書局 영인본에 의거함.

3) 明 萬曆 ≪雲南通志≫, "俗傳昔有人, 素貧困, 遇蒼山神授以異術, 忽生肉翅, 能飛. 一日至南詔宮, 攝其女入玉局峰爲夫婦, 凡飲食皆能致之, 後問女安否? 女云, 太寒耳. 其人聞河東高僧有七寶袈裟, 飛取而還. 僧覺, 以法力制之, 遂溺水中. 女望夫不至, 憂鬱以死. 其精氣化爲雲. 倏起倏落, 若探望之狀. 此雲一出, 洱海中卽有雲應之, 颶風旋起, 舟遇卽覆, 人戒停泊, 俗又呼無渡雲." 趙櫓, 〈悲壯而崇高的詩篇 - 論'望夫雲'神話之魅力〉, 102쪽에서 재인용. 無渡雲은 호수를 건너지 말라고 막은 구름이라는 뜻.

세상에 전하길, 몽(蒙)씨 때에 어떤 요괴가 궁녀를 끌고 가서 옥국봉(玉局峰) 꼭대기에서 살았다. 궁녀가 먹고 싶은 것이면 요괴가 끊임없이 대주었다. 산이 높아 기온이 낮기 때문에, 궁녀가 괴로워하며 입을 옷을 요구하였다.

요괴가 달래며 말하길, "하동 고승이 특별한 가사를 갖고 있는데, 여름에는 시원하고 겨울에는 따뜻하다고 하니, 곧장 가져오겠다." 마침내 저물녘에 이해 동쪽 나전사(羅荃寺)에 가서 가사를 훔쳐 나왔다. 고승이 눈치 채고서, 주술로써 진압하였다. 요괴는 절 서쪽 물속에 빠져 죽으면서, 커다란 돌이 되었는데, 사람들은 '돌 노새'라 불렀다.

여인은 기다리다 돌아오지 않자, 마침내 울적하여 죽으면서, 그녀의 정기가 구름이 되었는데, '망부운'이라 불렀다. 매번 겨울이 되면 다시 나타나는데, 그러면 곧장 큰 바람이 미친 듯이 출렁거려, 호수의 '돌 노새'를 불어서 꺼내지 못하면 그만 두지 않을 기세였다.[4)]

몽씨는 남조(南詔)를 가리킨다.[5)] 때문에 ≪대리현지고≫에

---

4) "俗傳蒙氏時, 有怪攝宮中女, 居於玉局峰巓. 女所欲食, 怪給之不絶. 因山高候冷, 女苦之, 與索衣, 怪慰之, 曰河東高僧有一袈裟, 夏涼冬暖, 可立致. 遂晩至洱海之東羅荃寺, 將袈裟盜出, 僧覺之, 以咒厭, 怪溺死寺西水中, 化一大石坪, 俗呼爲石騾子. 女望之不歸, 遂鬱死, 精氣化爲雲. 名望夫雲. 每每歲冬再現, 卽大風狂蕩, 有不將海中之石吹出不止之勢." ≪中國民間故事集成≫ 雲南省(상) 권 714쪽에서 재인용.

5) 당시 사천(四川)·운남 일대에는 여섯 개의 작은 나라가 있었는데, 이를 六詔(詔는 王 또는 國이란 뜻)이라 불렀다. 그 중 蒙舍詔는 가장 남쪽에 위치하였기 때문에 南詔라고 하였다. 唐 貞觀年間(627-649)에 大蒙國이라 칭하고 당과 결속하여 세력을 확장하다가, 8세기 중엽 다른 부족을 흡수하여 6조를 통일하였다.

수록된 〈망부운〉의 시·공간적 배경은 ≪대리부지≫의 그것과 동일하다고 할 수 있다. 또 사건의 큰 줄거리도 일치하므로, 두 설화는 기본적으로 하나로 간주된다. 다만 남여주인공이 각각 요괴와 궁녀로 바뀌고, 요괴가 죽어 '돌 노새'가 되는 화소가 뚜렷이 드러나는 점이 다른데, 이는 구비문학의 유동적 특성을 잘 보여주는 사례라 할 수 있다. 〈망부운〉은 기록물에 의해 단일한 서사로 굳어지지 않고, 오랜 기간 동안 민간에서 구두로 유전되면서 여러 이본이 생겨났을 뿐만 아니라 그 과정에서 이야기 자체가 부단히 풍부해졌음을 의미한다.

이상을 통하여 우리는 다음과 같이 가정해 볼 수 있다. 창산과 이해를 둘러싸고 발생하는 특이한 자연현상을 원시적 상상력으로 해석하는 이야기, 즉 '원형적 신화'가 먼저 존재하였고, 여기에 별도의 요소들, 예컨대 '애정과 혼인' 관련 내용이나 '종교와 신통력' 관련 내용 등이 첨가되면서 지금의 〈망부운〉이 형성되었다고 보는 것이다.

〈망부운〉의 원시적 형태를 엿보게 해주는 기록은 청 강희(1662-1722) 연간 동헌주인(東軒主人)이 찬한 ≪술이기(述異記)≫에서 확인할 수 있다.

> 조주(趙州)에 이해가 있는데, 현지 사람들이 대리부(大理府)로 가려면 반드시 거쳐야 한다. 그러나 풍랑이 심하게 사나우면, 조금이라도 자신을 아낄 줄 아는 사람들은 모두 육로를 선택한다.

그 호수에 '망부운'이 일면 감히 갈 수 없기 때문이다. 다음과 같이 전한다.

> 악룡 한 마리가 진압되어 호수 가운데에 있고, 그 암컷용이 창산에 살고 있는데, 서로 만나려고 하면, 창산에 구름이 피워 올라, 계단처럼 늘어서, 20리를 에워싸다가 호수 가운데에 이르러서야 그쳤다. 이 날은 거센 바람이 나무를 뽑고, 가옥이 덜컹덜컹 소리를 냈다. 그러나 천상의 구름을 자세히 보면 조금도 움직임이 없고, 또한 크기나 밝기의 차이도 없으니, 참으로 괴이한 일이다.[6]

창산에 '망부운'이 피어오르면 이해 호수 일대에 커다란 폭풍이 발생하는데, 이와 같은 자연현상을 수컷용을 찾고자 하는 암컷용의 조화로 해석하고 있다. 이는 "옛날 원시인들은 천지만물이 변화무쌍하고, 또 여러 현상이 사람의 능력 이상에서 나오는 것을 보면, 스스로 여러 설을 만들어 그것을 해석한다. 무릇 이렇게 해석된 것을 오늘날 신화라 부른다."라고 하였던 루신(魯迅)의 인식과 일치한다.[7] 또 웬커(袁珂)의 주장처럼 자연현상을 해석하는 신화가 '동식물신화' 이외의 모든 신화의 시작이라면[8],

---

6) "趙州有洱海, 土人詣大理府必由之. 然風波甚惡, 稍知自愛者, 皆從陸路. 其海中有望夫雲起, 則不敢行. 相傳鎭一孽龍在海中央, 其雌龍居蒼山, 每欲相會, 則蒼山雲起, 排如階級, 環二十里, 至海中而止. 是日, 狂風拔木, 房舍皆颯沓有聲. 然凝視天上雲, 未嘗稍轉移, 亦無大小濃淡之差, 眞怪事也. 傅光宇, 〈'望夫雲'與'望夫'情結 - 白族文學吸收內地文化的一個實例〉, 11쪽에서 재인용.

7) 魯迅, ≪中國小說史略≫ 〈神話與傳說〉, "昔者初民, 見天地萬物, 變異不常, 其諸現象, 又出於人力所能以上, 則自造衆說以解釋之. 凡所解釋, 今謂之神話."

'망부운'을 중심으로 하는 일련의 자연현상을 해설하는 신화가 당연히 〈망부운〉의 원형이 될 것이다. 〈망부운〉이 이본이 많음에도 불구하고 시간적으로나 공간적으로나 일정한 동질성을 유지할 수 있었던 것도 바로 '망부운' 관련 자연현상이 예나 지금이나 일어나고 있기 때문이다. ≪술이기≫의 〈망부운〉은, 비록 악룡을 '진압'하였다는 대목과 용이 암수 한 쌍으로 등장한다는 점에서 종교적 요소와 애정적 요소를 내포하였을 가능성이 점쳐지지만, 전체적인 틀에서 보면 '자연현상해석신화'의 면모를 유지하고 있는 것으로 보아도 좋다.

반면 '자연현상'보다는 다른 요소에 중점을 두고 있는 기록도 있다. 명 만력12년(1585) 무렵에 예로(倪輅)가 지었고, 청 건륭(乾隆) 45년(1775)에 호울(胡蔚)이 증정(增訂)한 ≪남조야사(南詔野史)≫[9]의 한 대목을 먼저 보기로 하자.

> 왕 권풍우(勸豊佑)의 딸이 숭성사(崇聖寺)로 가서 분향하고 돌아오는 길에 성 서쪽에 이르렀을 때, 흰말을 탄 사람에게 끌려갔다. 권풍우가 서역 스님 찬타훌치(贊陀崛哆)에게 고하자, 그가 말하길 "이 사람은 산신입니다." 그리고 법등을 설치하고 비춰보니, 정말 창산 아래에 있었다. 스님이 화가 나, 법술을 행하여 산을 물속으로 옮기려고 하였다. 산신이 두려워 보배를 부처님에게 공양하니, 권풍우가 이에 그만 두게 하였다.[10]

---

8) 袁珂, ≪中國神話史≫, 365쪽, "解釋自然現象的神話, 實在是除了動植物神話以外一切神話的開始."

9) 편집위원회, ≪中國少數民族古籍集解≫, 310쪽.

권풍우는 남조의 제10대 왕으로, 재위 기간은 824-859년이다. 비록 '망부운'이나 '돌 노새'는 등장하지 않지만, 창산과 이해를 배경으로 하고 있다는 점에서 동일한 설화임이 분명하다. 여기서 이야기의 핵심은 공주이다. 공주를 둘러싸고, '흰말을 탄 사람'과 '왕'이 대립하고, '산신'과 '서역 중'이 대결하는데, 전자는 '애정과 혼인 문제'와 연관되고 후자는 '토착신앙과 외래종교의 갈등'과 연관된다. 여기서 외래종교는 티베트불교(密教)를 가리킨다. 이와 비슷한 기록은, 운남의 옛 역사와 잡다한 일들을 명·청대에 걸쳐 찬술한 ≪북고통기천술(僰古通紀淺述)≫[11]에도 보인다.

> 군주에게 딸이 한 명 있었는데, 숭성사에 분향하러 갔다. 돌아오다 성 서쪽에 이르렀을 때, 흰말을 타고 검정 양탄자를 걸친 한 남자를 만났는데, 공주를 끌고 떠나 여러 날 돌려보내지 않았다. 군주가 화가 나서 대사에게 말했다. 대사가 "이는 산신이 한 짓입니다."라 하고, 법등을 설치하여 여러 산신을 불렀다. 군주가 손에 향로를 들고 굽어보니, 공주가 과연 창산신의 자리 아래 있었다. 대사가 군주와 상의하기를, 철로 만든 소와 철 밧줄을 주조하여, 점창산(點蒼山)을 끌어다 호수를 메우고, 이해 호수의 물을 서산

---

10) "佑女至崇聖寺進香, 回到城西. 爲一乘白馬人攝去, 尋之不得, 佑告于西僧贊陀崛哆, 哆曰, 此山神也. 乃設燈照之, 果在蒼山下. 哆怒, 欲行法移山于河, 山神惧, 獻寶珠供佛, 佑乃已." 趙櫓, 〈'望夫雲'神話辨析〉, 27쪽에서 재인용.

11) 편집위원회, ≪中國少數民族古籍集解≫, 45쪽.

(西山)으로 보내자고 하였다. 산신이 두려워, 대존신(大存神)에게 무값의 신비한 구슬을 주면서 부탁하여, 군주에게 사죄하였다.[12]

군주와 대사의 이름이 명기되지 않은 대신, '한 남자'에 대한 묘사와 대사가 부리는 '법술'에 대한 기술이 좀 더 구체적이긴 하지만, 전체적인 흐름에서 ≪남조야사≫의 기록과 본질적인 차이는 없다. 또한 점창산은 바로 창산의 별칭이므로, 비록 '망부운'과 '돌 노새'에 대한 직접적인 언급은 없지만, 창산과 이해를 배경으로 한다는 사실 역시 변함이 없다. 게다가 '한 남자'와 '군주'가 공주의 애정 문제를 둘러싸고 대립하고, '산신'과 '대사'가 종교적 영향력을 둘러싸고 대립하는 구조는 지금의 〈망부운〉과 다를 게 없다. 다만 '한 남자'와 '산신'이 같은 인물인지 아닌지가 분명치 않은 점이 다르고, 전반적으로 볼 때 애정문제보다는 종교와 신앙의 갈등, 즉 관방종교와 민간신앙의 충돌이 더 큰 비중을 차지하고 있다.

이상 중국 정부 수립 이전의 〈망부운〉 관련 문헌기록을 종합하면, 그것의 형성 과정은 다음과 같이 추론해 볼 수 있겠다. 대

12) "主有一女, 往崇聖寺行香, 回至城西, 遇一男子, 騎白馬, 披黑氈, 攝女而去, 三日弗返, 主怒, 言于師. 師曰: '此山神所爲.' 乃設燈, 請召諸山神. 主手執爐, 俯視而窺, 女果在蒼山神座下. 師與主議, 鑄鐵牛鐵索, 曳點蒼山塡于東海, 調洱水于西山. 山神惧, 央大尊神以無價神珠, 求主贖罪." 傅光宇, 〈'望夫雲'與'望夫'情結 - 白族文學吸收內地文化的一個實例〉, 12쪽에서 재인용.

리의 창산과 이해에 나타나는 특이한 ‘자연현상’을 설명하고자 하는 원형적 신화(예: ≪술이기≫)에, ‘애정과 혼인’ 그리고 ‘종교와 신통력’에 관한 설화(예: ≪남조야사≫와 ≪북고통기천술≫)가 융합되어 문학성이 풍부한 〈망부운〉(예: ≪대리현지고≫와 ≪대리부지≫)이 탄생하였던 것으로 파악된다. 세 요소가 생겨나고, 또 하나로 융합된 시기를 구체적으로 단정하기는 어렵다. 신화학자 웬커의 연구에 의하면, 신화가 탄생한 가장 빠른 시점은 씨족사회 이전의 원시 군락 시기(구석기 중기나 모건이 말하는 야만시대 중기에 해당함)인데, 이때의 신화는 동식물 및 일월성신 등의 자연현상을 제재로 하여 이야기를 만들었고, 신화의 주체는 ‘신’이 아니라 사람들이 정신적으로 감지하고 또 진실이라고 믿는 생동하는 ‘사물’이었다.[13] 그렇다면, 〈망부운〉에서 ‘자연현상’ 관련 모티프의 탄생은 대리 지역에 백족의 선민들이 거주할 때로 거슬러 올라가게 된다.[14] ‘공주’나 ‘궁녀’라는 신분의 등장은 왕조의 출현을 전제로 하는데, 백족 지역에 최초에

---

13) 袁珂, 〈白族‘望夫雲’神話闡釋〉, 43쪽, “神話産生的最早的時期, 當在氏族社會以前的原始群時期(相當于舊石器時代中期, 或摩爾根所謂的蒙昧時代中期). 這時期的神話, … 以動植物及日月星辰等天象爲題材而創爲故事, 略似後世的童話或寓言, 作爲神話主體的幷不是‘神’, 而是人們精神所感知幷信以爲眞的活生生的事物.”

14) 이해 일대, 즉 대리 지역에서는 신석기부터 남조에 이르는 고고학 유적이 발굴되는데, 예컨대 원시사회의 취락 유적이 비교적 완전하게 남아 있는 賓川白羊村遺蹟은 대략 4000년 이전의 것이다. 雲南省民族事務委員會 편, ≪白族文化大觀≫, 24-25쪽.

들어선 왕조가 남조이므로, '애정과 혼인' 관련 내용(신분의 차이로 인한 갈등)은 빨라야 남조 초기에 형성되었다고 할 수 있다.[15] 주술적 요소가 강한 밀교가 대리 지역에 크게 성행한 시기는 남조 후기, 즉 권풍우 때이므로[16], '토착신앙과 외래종교의 갈등' 관련 내용은 '애정과 혼인' 화소보다 뒤에 첨가되었던 것으로 추정된다. 따라서 먼 옛날 백족의 선민(先民)들이 창산과 이해에서 일어나는 특이한 '자연현상'을 해석한 신화를 근간으로 하여, 훗날 '애정과 혼인 문제' 그리고 '토착신앙과 외래종교의 갈등' 화소가 첨가되고 융합되면서 지금의 〈망부운〉이 탄생하였던 것으로 상정해 볼 수 있다. 다시 말해, 백족의 터전이 되는 자연환경에서 싹터서 백족의 역사적 삶의 궤적을 고스란히 담고 있는, 백족 고유의 설화라고 인정된다. 다만 명·청대 문헌에 기록된 〈망부운〉에는 '애정문제'보다는 '관방종교와 민간신앙의 갈등'이 큰 비중을 차지하고 있음은 주목할 만한 현상이다.

4-3 〈망부운〉의 채록과 그 배경

민간에서 구두로 유전되어 오고 있는 〈망부운〉에 대한 자료 수집은 1940년대 시작되었고, '해방', 즉 1949년 이후 더욱 활발

15) 그러나 '공주'나 '궁녀' 같은 특정 신분이 아닌 보통 '여자'로서의 애정 설화는 남조 이전에 존재하였을 가능성은 얼마든지 있다. 이에 대해서는 다음 제4절을 참조할 것.

16) 趙櫓, 〈悲壯而崇高的詩篇 - 論'望夫雲'神話之魅力〉, 103쪽 참조.

해졌다. 현재 채록하여 정리된 판본으로 20종이 확인되며 전문 서적에 수록된 것만 쳐도 10편 이상이 된다.[17] 이것들은 다시 1950년대와 1980년대로 크게 나누어지는데, 1950년대 가운데 특히 주목할 만한 사람은 쉬쟈뤼(徐嘉瑞)이다. 그는 어머니가 백족이고, 대리 사람으로 누구보다도 대리 지역의 문화 연구에 앞장서 1940년대에 ≪대리고대문화사(大理古代文化史)≫를 저술하였고,[18] 이 때 〈망부운〉을 발굴하여 이 책에 수록한 바 있었으며, 이어 1956년에는 이를 장편서사시로 정리하여 발표하였다.[19] 총 7장으로 구성되어 있는데, 우선 줄거리부터 간추려 보자.

쉬쟈뤼의 장편서사시 〈망부운〉

① 궁에 갇힌 공주가 바깥세상을 동경함.(이상 1장. 南詔公主)
② 선량한 사냥꾼이 조상신으로부터 날개를 얻음.
③ 사냥꾼이 공주의 노래를 들음.(이상 2장. 獵人)
④ 사냥꾼과 공주가 노래를 주고받으며, 사랑을 시험함.
⑤ 중추절에 함께 떠나기로 약속함.(이상 3장. 五華樓)
⑥ 공주를 구출하여 옥국봉으로 날아감.(이상 4장. 南詔避暑宮)
⑦ 공주와 사냥꾼이 행복한 나날을 보냄.
⑧ 법사가 얼음과 눈으로 옥국봉을 뒤덮음.
⑨ 사냥꾼이 법사의 가사를 탈취하기 위해 떠남.(이상 5장. 玉局峰)

17) 傅光宇, 〈'望夫雲'與'望夫'情結 - 白族文學吸收內地文化的一個實例〉. 11쪽.
18) 徐演, 〈回憶祖父徐嘉瑞〉, 57쪽.
19) 徐嘉瑞, ≪望夫雲 - 一個美麗的古老的傳說≫, 〈後記〉

⑩ 법사가 사냥꾼을 '돌 노새'로 만들어 호수에 빠뜨림.

⑪ 공주가 궁으로 돌아가기를 거부하고 죽어 구름이 됨.(이상 6장. 公主之死)

⑫ 공주가 폭풍우가 되어 호수의 물을 뒤집음.

⑬ 폭풍우에 궁궐과 법사의 절이 뒤흔들림.

⑭ '돌 노새'와 '망부운'이 절규함.(이상 7장. 望夫雲)

앞서 살펴보았듯이 '해방' 이전의 문헌기록에 두 가지 설법이 있었다. 첫째는 ≪대리부지≫의 기록으로 남조의 '공주'가 '비인(飛人)'에게 납치되는 내용이고, 둘째는 ≪대리현지고≫의 기록으로 남조의 '궁녀'가 '요괴'에게 납치된다는 내용이다. 구두 전승도 마찬가지여서, 첫째는 '공주'가 '비인(飛人)'에게 납치되는 것으로 보편적이고 더 오래된 전설이고, 둘째는 민간의 베 짜는 한 아가씨가 사냥꾼과 사랑하였는데, 훗날 그녀가 궁궐로 뽑혀 들어가자 사냥꾼이 날개가 생겨 구출한다는 것으로, 이 역시 대리의 여러 지역에 유포되고 있다.

쉬쟈뤼가 취한 것은 첫째이다. 그는 이 장편서사시를 쓸 때, 당의 '격려'와 문련(文聯) 동지의 '도움' 아래 여러 차례 수정을 하였음에도 불구하고, 결점이 여전히 많아 원래 전설의 '정신'을 잘 표현할 수 없었다고 실토한 바 있다.[20] 그렇다면 그가 표현하고 싶었던 〈망부운〉의 '정신'은 무엇이었을까? 그의 손자 쉬엔(徐演)의 회상에 따르면, 쉬쟈뤼는 장편서사시에서 온갖 어려

20) 徐嘉瑞, ≪望夫雲 - 一個美麗的古老的傳說≫, 〈後記〉.

움을 두려워하지 않고 자유와 행복을 추구하는 '반역'적인 공주와 순박하면서 용감한 사냥꾼을 부각시키려 하였고, 또 이듬해인 1957년 정율성과 더불어 가극 〈망부운〉을 창작할 때는 한걸음 더나가 반동통치와 봉건굴레를 타파하려는 인민을 묘사하려고 노력하였다[21]고 밝히고 있는데, "'돌 노새'와 '망부운'이 절규하는" 제7장 망부운(望夫雲)에서 그러한 노력의 자취를 확인할 수 있다. 즉, 봉건을 상징하는 궁궐과 절이 공주, 즉 '망부운'이 일으키는 폭풍에 뒤흔들리도록 묘사하고 있는 것이다. 요컨대 '공주와 사냥꾼' 대 '왕과 법사'의 대결 구조에서 〈망부운〉의 '정신'을 찾고 있는데, 이는 당시 '계급투쟁'으로 세계를 인식하는 중국의 공식적인 인식을 고스란히 담고 있다.

양메이칭(楊美淸)의 장편서사시 〈망부운〉은 두 번째 설법에 의거하고 있다. 총 14개 장면과 미성(尾聲)으로 구성되어 있는데 역시 줄거리부터 간추려 보기로 하자.

양메이칭의 장편서사시 〈망부운〉[22]

① 아름다운 자연배경과 음침한 궁궐 묘사(美麗的地方, 吃人的地方)

---

21) 徐演, 〈回憶祖父徐嘉瑞〉, 57-8쪽, "詩中着意刻畵了一個不畏艱難困苦, 努力追求自由幸福的'叛逆'公主, 同時刻畵了一位淳朴勇敢的獵人的形象.", "祖父說: 南詔國王的寶座和羅荃寺就是反動統治, 封建枷鎖, 我就是要寫代表人民力量的風暴把它們通統吹倒·推翻."

22) 李纘緒, ≪望夫雲長詩集錦≫, 145-200쪽에 수록되어 있음. 1956년 초고, 1957년 수정, 1980년 재수정.

② 궁녀가 궁궐 바깥 세계를 동경함.(宮女的心事)

③ 궁 밖에서 사냥꾼이 노래를 부름.(年輕的獵人)

④ 담을 사이에 두고 궁녀와 사냥꾼이 '반가(盤歌)'를 함.(愛情的歌聲)

⑤ 남조 왕이 궁녀를 감옥에 가둠.(宮女入牢)

⑥ 산신에게서 날개를 얻어 사냥꾼이 궁녀를 구출함.(夜奔)

⑦ 궁녀와 사냥꾼이 옥국봉에서 행복함.(玉局峰上)

⑧ 추위가 닥치자 가사를 훔칠 계획을 함.(風雪寒冬)

⑨ 궁녀와 사냥꾼이 작별함.(離別)

⑩ 사냥꾼이 법사와 몸싸움을 벌이다 붙잡힘.(竊袈裟)

⑪ 사냥꾼을 돌에 묶어 호수에 빠뜨리라고 왕이 명함.(獵人被害)

⑫ 궁녀가 사냥꾼의 귀환을 기다림.(盼望)

⑬ 법사의 설득을 거절하고 궁녀가 죽음.(宮女之死)

⑭ '망부운'이 되어 폭풍을 일으켜 '돌 노새'를 바라봄.(暴風)

⑮ 이후 해마다 '망부운'이 나타남.(尾聲)

이야기의 주인공인 궁녀와 사냥꾼은, 궁녀가 궁궐로 끌려가기 전에 '요삼령(繞三靈)'[23]에서 만나 마음을 주고받았던 사이였다. 따라서 그들이 처음 사랑을 하게 된 계기나 훗날 궁궐 담을 사이에 두고 '반가(盤歌)'[24]를 통하여 피차의 사랑을 거듭 확인하

23) 백족 고유의 민속 명절로, '繞山林' '繞桑林'이라고도 한다. 이에 관해서 세 가지 전설이 전하는데 편집위원회, ≪中華民族故事大系≫ 권5 545-548쪽에 수록되어 있다. 또 그것의 문화적 함의에 대해서는 다음 제4절을 참조할 것.

24) '繞三靈' 등에서 남녀가 서로의 마음을 확인하기 위해 노래를 주고받는 행위, 혹은 그러한 노래. 그것의 문화적 함의에 대해서는 다음 제4절을

는 과정이 쉬쟈뤄의 판본보다 훨씬 자연스럽다. 또 법사와의 몸싸움 끝에 붙잡혀 왕에게 끌려가고, 돌에 묶여 호수에 던져진다는 과정도 사실적이어서 설득력이 크다. 반면 신화적 색채는 합리적 성분이 강화됨에 따라 약화되고 있다. 그러나 '궁녀와 사냥꾼' 그리고 '왕과 법사'라는 이원적 대립 구조는 쉬쟈뤄의 장편서사시와 다를 바 없다. 폭압에 굴하지 않고, '망부운'이 되어 '돌노새'를 만나고야 마는 궁녀의 투쟁은 역시 당시 중국 사회의 주요 담론인 '계급투쟁'을 고스란히 반영하고 있다.

이상 두 사례는 장편서사시로 재 가공된 것이다. 이제 성격이 좀 다른 판본을 하나 더 보기로 하자. 1960년 무렵 채록되어 ≪중국민간고사선이집(中國民間故事選二集)≫에 수록되어 있는 〈망부운〉인데[25] 단락 구분 없는 산문으로 되어 있다. 먼저 주요 사건을 정리하면 다음과 같다.

≪중국민간고사선이집≫ 수록 〈망부운〉

① 남조 때 마술에 능통한 한 나무꾼이 있음.

② 쥐로 변하여 입궐한 뒤, 귀공자로 변신하여 공주와 사랑을 나눔.

③ 공주가 발각될까 두려워하자 공주를 엎고 옥국봉으로 도망감.

④ 남조 왕이 찾으나 찾지 못함.

⑤ 나무꾼이 보의(寶衣)를 훔치러 궁궐로 들어감.

참조할 것.

25) 賈芝 편, ≪中國民間故事選二集≫, 361-363쪽. 1961년에 쓴 편자의 서문에 의하면 수록된 작품은 대부분 당시를 기준으로 최근 3년에 채록된 것임.

⑥ 나전(羅荃) 화상이 나무꾼을 '돌 노새'로 만들어 호수에 빠뜨림.
⑦ 공주가 죽어 구름이 됨.
⑧ 겨울이 되어 구름이 나타나면 물속 '돌 노새'가 외쳐댐.
⑨ 큰 바람과 파도가 일면 사람들이 왕래를 멈춤.

남자 주인공이 나무꾼이라는 점이 우선 다르지만, 결국 산(창산)을 배경으로 살아가는 선량한 서민이라는 점에서 사냥꾼과 본질적인 차이가 없다. 산신으로부터 날개를 얻는 대목이 없는 대신 쥐로 직접 변신하는 '변신' 모티프가 운용되고 있어 여전히 강한 민간 설화적 색채를 느끼게 한다. 또 '왕과 법사'에 의해 사랑이 좌절된 뒤에 공주는 '망부운'이 되고 나무꾼은 '돌 노새'가 되어서 외쳐대는 모습은 강렬한 민중의 의지를 느끼게 한다. ≪중국민간고사선이집≫의 편자는 이를 자연 현상에 기탁하여 계급압박에 대한 투쟁을 묘사한 것으로 파악하고 있다.[26)]

〈망부운〉에 대한 채록과 정리는 문혁 기간 중단되었다가 1980년대 접어들면서 '문화열(文化熱)', '뿌리찾기문학(尋根文學)' 등으로 대변되는 사회 분위기의 호전에 힘입어 재개되었다. 중화인민공화국문화부와 국가민족사무위원회 그리고 중국민간문예가협회가 주관하여 국가적 프로젝트로 출간된 ≪중국민간고

26) 賈芝 편, ≪中國民間故事選二集≫, 〈序言〉, 21쪽, "〈望夫雲〉一類帶有神話色彩的古老傳說和地方風物傳說, 看來似乎也在解釋自然現象, 實則是借日月星辰地形名物或一個地方特有的自然現象設想巧妙地來描寫人民戰勝自然災害和它對階級壓迫的鬪爭."

사집성(中國民間故事集成)≫에 수록된 〈망부운〉이 대표적인 사례이다.[27] 제2장에 전문이 번역되어 있다. 다시 그 줄거리만 간추려 보자.

≪중국민간고사집성≫ 수록 〈망부운〉

① 남조의 공주가 19세가 되도록 이상적인 짝을 찾지 못함.
② '요삼령'에서 공주와 사냥꾼이 만남.
③ 왕이 대장군을 부마로 지정하고 결혼을 다그침.
④ 까치가 공주의 마음을 사냥꾼에게 전함.
⑤ 공주를 구하러 가다가 사냥꾼이 다친 노인을 만나 도와줌.
⑥ 노인(山神)의 비법으로 사냥꾼이 날 수 있게 됨.
⑦ 공주를 구출하여 옥국봉에서 부부가 됨.
⑧ 법사가 신등(神燈)으로 두 사람의 행적을 알아냄.
⑨ 법사가 까마귀를 보내 돌아오라고 공주를 설득함.
⑩ 공주가 거부하자 법사가 강추위를 일으킴.
⑪ 사냥꾼이 법사의 가사를 훔치러 감.
⑫ 법사에 의해 사냥꾼이 '돌 노새'가 되어 호수에 빠짐.
⑬ 공주가 죽어 구름이 되고, 폭풍이 몰아쳐 호수를 가름.
⑭ 이후 해마다 '망부운'이 나타남.

1950년대 판본과 비교하였을 때 가장 두드러지는 점은 공주의 결혼 대상자로 부마를 설정하고 있다는 사실이다. 물론 여기

27) 편집위원회, ≪中國民間故事集成≫, 〈雲南省(上)〉, 711-713쪽. 백족인 楊華軒이 구술하고, 역시 백족인 楊慶文이 1981년 채록한 것으로, 편집위원회, ≪中華民族故事大系≫ 권5, 556-561쪽에도 실려 있다.

에서도 '공주와 사냥꾼' 그리고 '왕과 법사'라는 이원적 대립 구조가 여전히 기능하고 있다. 그러나 왕이 공주와 사냥꾼의 사랑을 가로막는 이유가 봉건적 결혼관에서 비롯된다는 점이 중요하다. 사냥꾼과의 만남은 '요삼령'이라는 민족 고유의 종교적 신성한 공간에서 순수하게 이루어지는 것이라면, 왕이 부마를 지정하는 것은 왕이라는 신분에 걸맞은 세속적 기준(사회적 경제적으로 걸맞은 가문끼리의 결혼)을 강요하는 것이다. 때문에 왕은 온갖 수단을 동원하여 그들의 '야합(野合)'을 가로막으려 하고 공주는 '정략결혼'을 벗어나려 하는 것이다. 비록 종교적 기득권을 옹호하고자 하는 법사와 결탁하여 그 종교적 신통력을 동원하기에 '종교문제'와도 연관되지만, 여기에서의 핵심은 '애정과 혼인 문제'이다. 이는 '계급투쟁'을 밑바닥에 깔고 있는 1950년대 〈망부운〉과 근본적으로 다른 점으로서, 까치와 까마귀의 귀여운 역할, 산신으로부터 비술을 얻는 흥미로운 과정과 맞물려 문학성을 풍부하게 한다.

대본곡(大本曲)은 명·청대 이래 대리 백족 지역에서 성행하던 설창예술(說唱藝術)로, 산문 형식인 도백(道白)은 한어(漢語)를 쓰고 운문 형식인 창사(唱詞)는 주로 백어(白語)를 쓴다.[28] 다음은 대본곡으로 연행되는 〈망부운〉[29]인데 여덟 마당(場)과 개장

28) 大本曲에 대해서는 董秀團, 〈雲南大理白族地區大本曲的流播與傳承〉 참조.

29) 白族인 段壽桃가 번역하고 정리한 것으로 ≪華夏地理≫, 1986년 제1기에 수록되어 있음.

(開場) 및 미성(尾聲)으로 구성되어 있다.

대본곡 연행본 〈망부운〉

① 태어나자마자 어머니를 여읜 남조의 공주가 장성함.(開場)

② 귀공자이자 바람둥이 단웅(段雄)을 부마로 지목함.(1.求親)

③ 공주가 선량한 사냥꾼을 만나 마음을 허락함.(2.定情)

④ 왕이 공주에게 단웅과의 결혼을 다그침.

⑤ 활쏘기로 부마를 선택하자고 공주가 건의함.(이상 3.定計)

⑥ 사냥꾼이 활쏘기에서 단웅을 이기나, 약속을 번복함.(4.比武)

⑦ '요산령'에서 '반가'를 통해 공주와 사냥꾼이 재회함.

⑧ 부처 앞에 사랑을 맹세하는데 궁중 무사가 공주를 연행함. (이상 5.盤歌)

⑨ 왕이 공주를 책망하고 결혼을 강요함.(6.逼婚)

⑩ 신선의 도움으로 사냥꾼이 날개를 얻음.

⑪ 갇힌 공주를 구출하여 '옥국봉'으로 도망감.(7.逃奔)

⑫ 법사가 추위를 일으키자, 사냥꾼이 보의(寶衣)를 구하러 감.

⑬ 사냥꾼이 주술에 걸려 '돌 노새'가 되어 호수에 빠짐.

⑭ 공주가 왕과 법사를 저주하면서 죽음.(8.化雲)

⑮ '망부운'이 되어 호수를 내려다 봄.(尾聲)

왕이 귀공자 단웅을 부마로 내정하고 있다는 점이 ≪중국민간고사집성≫ 수록본과 같기 때문에 '애정과 혼인' 문제가 이야기의 중심을 이룬다고 할 수 있다. 특히 활쏘기를 통하여 부마를 선택하는 장면은 극적 재미를 배가시켜주는 작용을 할 뿐만 아니라 〈망부운〉의 세 요소('자연현상해석' '애정과 혼인' '토착종교와 외래종교의 갈등') 가운데 '애정과 혼인 문제'의 비중을 강화시켜 주는 역할을 하고 있다.

요컨대, 1950년대 채록·정리된 〈망부운〉은 이원적인 대결 구조가 강조되고 있다. 1980년대 이후 채록에 일반적으로 등장하는 '부마'가 1950년대 정리본에는 전혀 나오지 않는데, 아마도 의도적으로 삭제했던 것으로 보인다.[30] 만약 그렇다면 그 이유는 무엇인가? 〈망부운〉의 정리와 발표에 대한 쉬쟈뤄의 태도에서 알 수 있듯이[31] '애정과 혼인 문제'로 읽히는 것을 최대한 억누르고 반대로 '계급투쟁'의 '정신'을 부각시키고자 하는 '고려'였던 것으로 파악된다. 반면 혼인의 경쟁자를 설정하고 있는 1980년대의 〈망부운〉은 '애정과 혼인 문제'가 두드러지면서 독자의 흥미를 끄는 서사 장치에 좀더 신경을 쓰고 있다. 이러한 변화는 "신시기 이후 상흔(傷痕)과 반사(反思)로 문학이 지난날의 질곡에서 벗어나더니, 1980년대 중반에 이르러서야 비로소 문학 본연의 사명인 인간 찾기로 정착되어 가기 시작"하는 중국 사회·문화의 전반적인 분위기와 궤를 함께 한다.[32]

그러나 시야를 좀 돌려보면 이러한 변화들은 중국정부의 소

---

30) 예컨대, 1958년 大理城에서 楊老三으로부터 채록한 〈망부운〉의 경우, 부마를 고르는 대목이 나온다. 편찬위원회, ≪中國民間故事全書≫, 〈雲南·大理卷〉, 234-235쪽에 수록되어 있음.

31) 주 20) 21)과 해당 본문 참조.

32) 김시준, ≪중국당대문학사≫, 585쪽.

수민족정책과 무관하지 않는 현상임이 쉽게 드러난다. 1950년대 쉬쟈뤄 등이 당의 '격려'로 〈망부운〉을 정리하였고, 1980년대 정부기관의 주도 아래 국가적 프로젝트로 소수민족(일부 한족 포함)의 민간고사를 집대성하였다는 사실은 이 점을 강하게 시사해주는 대목이다.

다민족국가에서 펼치는 소수민족정책은 다양한 양상을 보이는데,[33] 중국의 경우는 기본적으로 동화(assimiliation)와 융화(accomodation)에 속한다. '신'중국이 막 탄생하였을 때, 중국의 소수민족은 인구 비중이 10%에 못 미치지만, 그 거주 지역은 전체 국토의 60% 가량을 차지할 뿐만 아니라 대부분이 국경지역과 접하고 있어 국제관계에도 중요하였다. 특히 서남 소수민족 문제는 국방문제와 직접 연계되어 인식되었다.[34] 그래서 영토적 통합의 달성이 무엇보다 중요한 민족정책의 기본목표가 되었다. 때문에 건국 이후 대약진운동시기 이전까지, 전반적인 분야에서

---

33) 극단적인 형태의 '민족말살정책'으로부터 소수민족의 정체성을 상실시키고 지배민족에 흡수시키는 '동화정책', 전통문화를 유지하면서 일정한 수준의 민족적 정체성을 유지시켜 나가는 '융화정책' 그리고 각 민족들의 합의하에 연방체제로 공존하는 '다원주의정책' 등으로 나누어진다. 박병광, 〈중국소수민족정책의 형성과 전개: 민족동화와 융화의 변주곡에 관하여〉, 426쪽. 이하 내용도 이 논문을 주로 참조하였음을 밝혀둔다.

34) 鄧小平, 〈關于西南少數民族問題〉(1950년 7월 21일), "少數民族問題解決得不好, 國防問題就不可能解決好. 因此從西南的情況來說, 單就國防問題考慮, 也應該把少數民族工作擺在很高的位置." 劉先照 주편, ≪中國共産黨主要領導人論民族問題≫, 51쪽.

소수민족의 자율성과 문화적 다양성을 인정하는 온건적 민족융화정책이 시행되었다. 1950년대 〈망부운〉을 비롯한 소수민족 민간문학이 다량으로 채록되고 정리된 것은 이러한 분위기에서 비롯되었다.

대약진운동시기부터 문혁이 끝나기까지의 기간에는 배타적 민족동화정책이 강행되었다. 특히 소수민족 고유의 전통과 문화는 철저한 타도의 대상이 되었기에 〈망부운〉 등은 당연히 사회적 관심사에서 멀어질 수밖에 없었다. 개혁개방 이후 소수민족 정책은 다시 민족 간의 현실적인 차이를 인정하면서 장기적인 관점에서 국가통합을 추진하는 민족융화정책으로 전환되었다. 그래서 1980년대 이후 〈망부운〉 등이 다시 관심을 끌게 되었다.

'해방' 이전 고대 문헌 속에서 거의 기록될 기회가 없었던 〈망부운〉이 '해방' 이후 대대적으로 정리되고 발표되었다는 것은 신중국 정부가 소수민족과 그 문화에 대해 크게 관심을 쏟은 결과이었다. 그러나 그 궁극적인 목적이 각 민족의 고유한 민족문화의 창달이나 발전을 추구하는 데 있는 것이 아니라 한족 문화의 전파 및 동화에 있었기 때문에,[35] 1950년대 판본의 〈망부운〉에는 백족 고유의 분위기보다 '계급투쟁'의 냄새가 진하게 배어 있다. 물론 이 때의 '계급투쟁'은 중원과 주변, 즉 한족과 소수민족이 본질적으로 하나임을 은연중에 강조하고 있는 것이다. 1980년대에 들어서면 '애정과 혼인'의 각도에서 〈망부운〉을 비

35) 박광득, 〈중국공산당의 소수민족정책 연구〉, 276쪽.

교적 객관적으로 보려는 경향이 강하게 나타나지만, 한편으로는 새로운 문제점이 불거진다. 중원지역 신화인 〈무산신녀(巫山神女)〉의 영향을 받아 〈망부운〉이 생겨났을지도 모른다는 추론이다. 그러더니 1990년대에 접어들면 아예 〈무산신녀〉를 포함한 '내지(內地)' 문화가 전파되어 〈망부운〉이 탄생한 것이라고 아예 단정해버린다.[36] 이에 대해서는 다음 제5장에서 자세히 다루겠다. 아무튼 중국의 소수민족에 대한 정책이 궁극적으로 지향하는 점이 무엇인지 의아하게 만드는 대목이다.

4-4 〈망부운〉의 장르적 특성

지질학적으로 오랜 연대를 누적하고 있는 지층처럼 〈망부운〉은 민간문학 혹은 구비문학의 다양한 층면을 농축하고 있다. 때

36) 웬커가 대표적인 인물이다. 그는 〈망부운〉은 남조 이후에 탄생하였다고 전제한 다음, 그 중 "정기가 구름이 되는(精氣化雲)" 화소는 고당신녀의 영향을 '아마도' 받았을 것이라고 제기하였었다. 袁珂, ≪中國神話史≫, 368-369쪽. "〈望夫雲〉正是進入階級社會以後產生的新神話. 它所描述的南詔時代, 是從奴隸社會向封建社會轉化的時代, 至于產生此一神話的時代, 自然還要更遲. '精氣化雲', 或者就是受了高唐神女神話的影響."(이 책은 원래 1988년 上海文藝出版社에서 출판되었고, 그 서문은 1986년에 써졌기 때문에, 1980년대 원가의 주장을 반영한다.) 이처럼 조심스럽고 신중한 태도를 보였던 그는 1990년대에 접어들면서 "요초(蓍草) 신화에서 무산신녀 신화로 발전하고, 무산신녀 신화가 발전하여 〈망부운〉 신화가 되었다."라 단정하고 있다. 원가, 〈白族'望夫雲'神話闡釋〉, "蓍草神話發展爲巫山神女神話, 巫山神女神話又發展爲望夫雲神話."

문에 〈망부운〉을 신화라 부르는 사람도 있고 전설이라 부르는 사람도 있으며 아예 두루뭉술하게 민간고사라 칭하는 사람도 있다.[37] 중국에서는 민간에서 구두로 전해지는 이야기를 민간고사라 부르고, 우리나라에서는 설화로 통칭하는데, 그것이 지향하는 형태에 따라 대체로 신화, 전설, 민담(중국에서는 故事라 함)의 세 갈래로 분류한다.[38] 이 세 갈래들은 주인공의 성격과 행위, 시간과 공간, 전승의 범위와 태도, 증거물 등에서 뚜렷이 구분되는 특징을 보인다.[39] 주인공의 성격과 행위의 측면에서 볼 때, 신화가 신적인 존재가 이루어내는 창조적인 행위를 담고 있다면, 전설은 다소 특별한 상황에 처한 인간에게 벌어지는 실제 같은 예기치 않은 사건을 전하고, 민담은 일상적인 인간이 운명을 극복하는 허구적 이야기이다. 시간과 공간의 측면에서 볼 때, 신화가 아득한 태초 또는 신성시되는 시공간을 무대로 하고, 전설이 구체적으로 제한된 시간과 장소가 배경으로 하는 데에 비해서, 민담은 뚜렷한 시간과 장소가 없다. 신화와 전설의 전승 범위가 민족, 씨족, 지역공동체로 한정된다면 민담은 지역

37) 예컨대 袁珂나 趙櫓는 신화로, 徐嘉瑞는 전설로, ≪중화민족고사대계≫에서는 민간고사로 각각 분류하고 있다.

38) 대표적인 정부 기관에 의해 국가적 프로젝트로 완성된 ≪中國民間故事集成≫은 민간고사 아래 신화, 전설, 고사 세 항목을 두고, 〈망부운〉을 전설에 포함시키고 있다. 다시 전설을 인물전설, 史事전설, 地方전설, 동식물전설, 土特産전설 등으로 분류하고 〈망부운〉은 지방전설로 분류하고 있다.

39) 강등학 외, ≪한국구비문학의 이해≫, 52쪽.

적인 제한이 없다. 그리고 신화가 구성원들에게 신성하게 받아들여지고, 민담이 교훈적 설교적 성향이 강하다면, 전설은 그 중간적 성질을 갖는 기이한 이야기라 할 수 있다. 그런가 하면 다른 갈래에 비해 전설은 구체적인 증거물을 갖는 특징이 있다. 이론적으로 설화는 이처럼 세 갈래로 분류될 수 있지만, 실제 작품 속에서는 흔히 한 장르 이상이 혼재되어 있거나 상호 전이되는 양상이 발생한다. 〈망부운〉이 전형적인 예라 할 수 있는데, 우선 이상 논의한 바를 도표로 간략히 정리하여 보자.

	주인공의 성격과 행위	시간과 공간	전승의 범위와 태도	증거물
신화	신적존재의 창조적 행위	아득한 태초 또는 신성시되는 시공간	범위가 제한적이고, 신성시함	없음
전설	특별한 인간의 실제 같은 사건	구체적인 시간과 공간	범위가 제한적이고, 신성함과 무관	있음
민담	일상적인 인간의 운명 극복담	불특정한 시간과 공간	범위가 제한이 없고, 신성함과 무관	없음
〈망부운〉	공주(궁녀)와 사냥꾼(나무꾼)의 애정 비극과 특이한 자연현상	남조시대, 궁궐, 창산, 이해 일대	대리 백족 사이에 전승됨, 신성시함	'망부운'과 '돌 노새'

공주(혹은 궁녀)와 사냥꾼(혹은 나무꾼)이라는 '특별한' 인간의 '실제' 같은 애정 비극을 다루고 있는 점에서 보면[40] 〈망부운〉은 전설이라 할 수 있지만, '망부운'과 '돌 노새'가 되어 기상이변을 일으키는 행위는 신적 존재의 창조적 행위에 상당하므로 이 측면에서 보면 신화로 간주함이 더욱 타당하다. 또 일정한 시간과 공간 속에서 사건이 전개되고 또 증거물이 뚜렷하다는 점은 전형적인 전설의 특징이다. 반면 '망부운'이 발생하면 사람들이 모든 활동을 멈추고 경건하게 대처한다는 점은 그것이 백족에게 신성한 신화로 받아들여지고 있음을 의미한다. 뿐만 아니라 가난한 사냥꾼(나무꾼)이 착한 행위(예컨대, 산신의 화신인 다친 노인을 돕거나, 잃어버린 사냥감을 찾아주는 것) 덕분에 특별한 재능을 획득하여 공주와 결혼한다는 내용은 민담에 가깝다. 물론 민담적인 성격이 신화나 전설만큼 뚜렷한 것은 아니다. 많은 사람들이 〈망부운〉을 아예 신화전설로 칭하는 까닭이 여기에 있다. 어쨌든 〈망부운〉은 장르상 복합적 양상을 보여주는데, 사실 이는 그것이 상고시대에 발생한 이래 부단히 새로운 내용이 첨가되면서 다층적 함의를 내포하게 된 것과 표리를 이루는 현상이다.

---

40) 궁궐을 싫어하고 서민의 삶을 동경한다는 점에서 공주는 '특별'하고, 사랑하는 사람이 있음에도 불구하고 궁궐로 끌려왔다는 점에서 궁녀는 '특별'하며, 사냥꾼 또는 나무꾼은 변신하거나 날 수 있다는 점에서 '특별'하다. 그들은 '특별'하기 때문에 '실제' 같은 사랑을 할 수 있지만, 그러나 현실적인 장애가 존재하기 때문에 그들의 사랑은 비극으로 끝날 수밖에 없다.

4-5 〈망부운〉의 심층 함의

〈망부운〉의 문화적 함의 역시 축적된 그 시간만큼 두텁다. 1950년대와 1980년대에 〈망부운〉을 채록하여 정리하면서 '계급적 갈등'이나 '혼인 갈등'을 부각하고 있는데, 이는 '표층'만을 보는 것에 불과하다. 사실 〈망부운〉을 해독하는 데 있어서 중요한 것은 이면적 의미들이 구축하는 심층구조와 그 의미를 읽어내는 일이다. 이런 관점에서 볼 때, 〈망부운〉의 형성과정을 다섯 단계로 설명하고 있는 한 연구자의 주장41)은 주목을 끈다.

> 1단계: 최초의 원형은 "여인이 울적하여 죽어, 그 정기가 변하여 구름이 되었다"는 식의 '자연의 인간화(自然的人化)'일 따름이었다.
>
> 2단계: 백족 사회가 '대우혼(對偶婚)' 단계에 접어들면서, '남편'을 기다리다 끝내 죽어 그 정기가 '망부운'이 되었다는 내용으로 바뀌었다.
>
> 3단계: 계급사회로 진입한 뒤, 노예주(奴隸主)가 노예의 자유와 연애를 말살하자, 이에 강렬하게 저항하는 내용이 반영되었다.
>
> 4단계: 남조의 후기 밀교를 숭상하고 무교(巫教)를 탄압하자, 산신 또는 사냥꾼(나무꾼)이 법사에 제압되는 내용이 첨가되었다.
>
> 5단계: 그러나 민간에서 전승될 때 민중의 종교의식이 반영되었기에, '망부운'과 '돌 노새'가 되어 저항하는 내용이 부가되었다.

---

41) 이하는 趙櫓, 〈悲壯而崇高的詩篇 - 論'望夫雲'神話之魅力〉를 필자가 정리 요약한 것임. 또 趙櫓, 〈'望夫雲'神話辨析〉(≪華夏地理≫, 1986년, 제1기.)에도 비슷한 내용이 들어있음.

그는 발전론적인 관점에서 다섯 단계로 나누고 있지만, 문화적 함의의 각도에서 보면 이것들은 세 가지, 즉 '자연현상에 대한 해석'(1단계)과 '애정과 혼인 문제'(2단계와 3단계) 그리고 '토착신앙과 외래종교의 갈등'(4단계와 5단계)으로 정리되고 또 그것들은 각각 표층적인 의미 아래 심층적인 함의를 내포하고 있다.

〈망부운〉의 배경이 되는 특이한 '자연현상'은 창산 옥국봉 위의 구름과 이해 호수 물속의 너럭바위 그리고 그것들이 빚어내는 일련의 폭풍우와 파도이다. 사실 이것들은 오늘날의 과학적인 관점에서 보면 별로 신비할 것이 없는 자연스런 사물과 기상현상에 지나지 않는다. 그러나 이를 대하는 백족의 선민(先民)들은 그럴 수 없었을 것이다. 왜냐하면 원시인류의 신앙으로 여겨지는 '물활론'이나 '만유정령설'의 관점에서 보면 이들 역시 인간처럼 살아 움직이거나 정령을 갖고 있어서 숭배의 대상이 되기 때문이다.

애초에 백족 선민들이 이 '자연현상'을 어떻게 신화적 상상력으로 해석하였는지는 알 수 없지만, 최소한 공주가 변하여 '망부운'이 되고 사냥꾼이 변하여 '돌 노새'가 되었다는 인식은 후대의 산물임이 분명하다. 다시 말해, "공주가 변하여 망부운이 되었다"는 식의 인식은 후대의 것으로 표층에 불과하고, 그보다 "무엇인가가 구름으로 변하였다" 또는 "구름 자체가 모종의 의지나 힘을 갖고 있다"는 식의 인식이 선행하였다면 바로 그것이 우리가 읽어내어야 할 심층적 함의일 것이다. 이런 의미에서 볼 때 창산의 구름과 이해의 물결을 암수 두 마리 용의 조화로 해

설하고 있는 ≪술이기≫의 기록은 비교적 원시에 가까운 자료라 할 수 있다. '무엇'이 '무엇'으로 변한다는 '변신' 모티프는 '구름' 이외에도, 나무꾼이 쥐로 변하는 대목(≪중국민간고사선≫)이나 '돌 노새'로 변하는 것에서 직접적으로 확인할 수 있거니와, 사실 사냥꾼이 날개를 얻어 '비인(飛人)'이 되는 것도 새(鳥)로의 변신의 변용이라 할 수 있다. 따라서 〈망부운〉의 '자연현상 해석'에는 이러한 원시적인 신앙이나 사고와 연관되는 원형적인 사유가 심층적 함의로 내재되어 있음을 알 수 있다.

다음은 '애정과 혼인 문제'에서의 관점이다. 〈망부운〉의 주요 사건은 자유로운 연애와 주체적인 혼인을 추구하는 공주(궁녀)와 사냥꾼(나무꾼), 그리고 이를 가로막는 왕과 법사 사이에 전개된다. 따라서 〈망부운〉을 '봉건결혼'을 반대하고 '자유혼인'을 찬송하는 작품으로 파악한 견해는 타당하지만,[42] 여전히 표층적 이해에 지나지 않는다. 〈망부운〉에는 백족 선민들의 원시적인 혼인관념과 이상이 내포되어 있기 때문이다. 즉 앞의 논문에서 거론한 '대우혼'보다 선행하는 '푸날루아'결혼(群婚)의 흔적이 남아 있는데,[43] 여러 판본에 등장하는 '요삼령(繞三靈)'과 '반가(盤歌)'가 유력한 증거가 된다.

---

42) 張錫祿, 〈試論白族婚姻制度的演變〉, 35쪽.

43) 고대사회의 가족과 혼인제도에 관한 내용은 프리드리히 엥겔스 지음, 김대웅 옮김, ≪가족의 기원 - 루이스 H. 모오간 이론을 바탕으로≫, 32-92쪽과 루이스 헨리 모건 지음, 최달곤·정동호 옮김, ≪고대사회≫, 437-456쪽 참조.

'요삼령'은 백어(白語)로 'gue sa na'라고 하는데, 의미는 '애인을 찾는 축제'이다.[44] 매년 늦봄 초여름 음력 4월 23일에 대리지구 각 마을의 백족들은 친족으로 한 대열을 이루고, 각기 나무를 든 노인 두 명을 선도로 삼아 노래를 부르면서 대리(大理) 희주(喜洲)에 있는 성원사(聖源寺)에 모인다. 성원사는 대리 백족 본주(本主: 백족 민간신앙의 숭배대상으로 우리의 마을신에 상응한다)의 신도(神都)이다. 행사는 3일 동안 지속되는데, 낮에는 행진하거나 가무를 즐기고, 밤이면 노인들이 제사를 지내는 동안 젊은이들은 노래를 주고받는다. 이를 '반가'라 하는데, 피차 마음에 들면 쌍쌍으로 '야합(野合)'을 한다.

'요삼령'은 외견상 가무를 즐기는 축제이지만, 그 근원을 거슬러 올라가면, 마을마다 들고 오는 나무는 일종의 토템 표지이었고, 노인은 고대 백족 선민들의 제사장이자 부락 지도자였으며, 젊은이들의 집회는 '다른 씨족과의 군혼(氏族外群婚)'이었던 것이다. 최근(1984년)까지 이러한 '요삼령'의 습속은 해마다 지속되었었다. 물론 백족은 늦어도 천여 년 이전의 남조(南詔) 시기에 '일부일처제'를 행하였고, 이후(특히 명대 이래) 한족 문화의 영향을 받으면서 봉건적인 혼인관념이 보편화되었다. 이런 상황에서 '요삼령'은 과거에 대한 '기억'이자, 당사자의 의사보다는 가문의 체면을 따지는 봉건구속(외래문화)으로부터의 '일탈'을

---

44) 이하 '요삼령'과 백족의 혼인제도에 관한 것은 張錫祿, 〈試論白族婚姻制度的演變〉, 31-32쪽과 35쪽 참조.

의미할 수 있게 된다. 따라서 공주(궁녀)와 사냥꾼(나무꾼)이 추구하는 것은 '전통적 혼인'으로 토착문화를 대변한다면, 왕과 법사가 강요하는 것은 '봉건적 혼인제도'로 외래문화를 상징하게 된다.

'토착신앙과 외래종교의 갈등' 역시 〈망부운〉의 의미망을 구성하는 주요 항목 중의 하나이다. '해방' 이전 문헌기록 가운데 앞서 인용한 바 있는 ≪남조야사≫와 ≪북고통기천술≫에서 산신은 토착신앙을, 법사는 외래종교를 각각 대변한다. 또 두 문헌에 수록된 설화는 외래종교의 위력 앞에 토착신앙이 철저하게 굴복하는 모습을 보여준다. 아마도 기록자가 '고급'문화를 옹호하는 사대부의 입장을 반영한 소치일 것이다.45)

이러한 틀은 '해방' 이후 채록된 〈망부운〉에도 기본적으로 계승되지만, 그 안에는 작지만 의미 있는 차이가 내재되어 있다. 그것은 공주를 지키려는 사냥꾼의 노력(가사 혹은 寶衣를 탈취하는 것 등)이 비록 좌절되어, 공주와 사냥꾼의 사랑이 파국을 맞지만, 그들은 결코 포기하지 않는다는 점이다. '망부운'과 '돌노새'로 각각 변신하여 사랑을 견지할 뿐만 아니라, 궁궐과 사찰을 뒤흔들어 놓는다. 상징적으로나마 민간적 가치관 혹은 토착문화가 승리를 거두는 것이다. 그들은 끝까지 포기하지 않는데,

45) 남조와 그 뒤를 잇는 大理國은 모두 공식적으로 불교를 숭상하였다. 특히 대리국의 경우, 역대 왕 명 가운데 상당수가 출가하여 승려가 되었을 정도였다. 따라서 불교가 고급종교라면 민간의 토착신앙(本主신앙, 사실상 백족 고유의 巫敎)은 저급으로 간주되었다.

이는 단순한 종교적 갈등 차원을 넘어서 외래문화의 충격 속에 토착문화를 지키려는 몸부림으로 이해된다. 바꾸어 말하자면, 민족적 정체성을 지키고자 하는 잠재의식이 도사리고 있다고 보는 것이다. 실제로 대리 백족들은, 관방(남조와 대리국 시기를 지칭함)이 불교를 추숭하였고, 또 원대 이후 중앙정부가 '고급' 문화(예컨대 국가 공인의 관학인 유학 등)를 전파하였음에도 불구하고, 여전히 토착신앙인 본주(本主)를 광범위하게 숭배해오고 있다.

〈망부운〉에서 종교적 색채를 제외하면, 순수하게 남는 것은 죽으나 사나 변치 않는 청춘남녀의 영원한 애정이다. 이러한 고귀한 정조(情操)로 정교합일의 통치 집단에 반항하는 〈망부운〉은 인민들에게 영원히 찬송할 의지와 이상이 된다고 주장하는 학자도 있다.[46] 물론 틀린 말은 아니다. 그러나 이상의 분석을 종합하면, 그 심층구조가 토착문화와 외래문화의 충돌로 요약된다는 점이 중요하다. 이러한 해독은, 〈망부운〉의 형성 과정을 백족의 삶의 터전에서 탄생하여 백족의 역사적 삶의 궤적을 고스란히 담고 있다고 앞서 파악한 것과 상통한다. 백족의 대표적인 신화전설인 〈망부운〉에는 '주변'과 '소수'로서 존재할 수밖에 없었던 백족들이 '중심'과 '다수'에 맞서 자신의 민족 정체성을 견지하려는 '갈망'이 자연스럽게 녹아들어있는 것으로 보아야 한다.

---

46) 趙櫓, 〈'望夫雲'神話辨析〉, 28쪽.

4-6 맺음말

〈망부운〉은 아주 오랜 세월 동안에 구두로 전승되어 오는 백족의 대표적인 신화전설이다. 명·청대에 이르러 비로소 문헌기록에 보이기 시작하지만, 극히 적은 양에 지나지 않는다. 어쨌든 이들 자료를 분석하면, '자연현상'을 원시적 상상력으로 해석한 원형적 신화에 '애정과 혼인 문제' 그리고 '토착신앙과 외래종교의 갈등' 관련 설화가 첨가되고 융합되면서 지금의 〈망부운〉이 형성된 것으로 파악된다. 따라서 백족의 터전에서 탄생하여, 역사적 삶의 궤적을 고스란히 반영하고 있는 백족 고유의 신화전설이라 할 수 있다.

'해방' 이후 〈망부운〉은 사회적 관심을 끌며 활발하게 채록되었고, 또 일련의 연구가 진행되었는데, 이러한 현상은 중국의 소수민족정책과 밀접하게 연계되어 있다. 즉 '해방' 직후에 〈망부운〉을 비롯한 소수민족의 민간문학에 대한 대대적 발굴과 정리는, 소수민족문제를 곧 국방문제와 직결시킬 정도로 중시하여 '온건한' 민족융합정책을 견지하였던 당시 분위기를 고스란히 반영한다. 비록 '계급투쟁'이라는 획일화된 모식으로 동질성을 강조하려는 의도가 내재되어 있지만, 아무튼 소수민족 문화에 대해 적극적인 관심을 표명하였던 것은 분명하다. 그러나 '배타적' 민족동화정책을 강행하였던 대약진운동(大躍進運動) 시기와 문화대혁명(文化大革命) 시기에 〈망부운〉은 당연히 사회적 관심에서 멀어졌다. 1980년대 이후 유관 활동이 다시 활발해진 것은 역시 중국의 소수민족정책이 온건한 민족융합정책으로 전환한 덕분이다. 그러나 1980년대를 거쳐 1990년대에 접어들면서 '내지(內地)문화'의 영향으로 〈망부운〉이 형성되었다는 목소리가 커지고 있는데, 이는 중국의 소수민족정책의 궁극적인 지향을 의심케 하는 대목이다. 즉 그 궁극적인 목표가 소수민족 고유의 문화 창달이나 발전을 추구하는 것이 아니라 한족 문화의 전파 및 동화임을 시사해주는 것이다.

〈망부운〉은 신화와 전설 그리고 고사(故事) 세 요소를 구비하고 있는데 이는 그것의 유구한 형성과정과 다층적 함의에서 기인하는 현상이다. 표면적으로 볼 때, 〈망부운〉은 대리 지역의 특이한 '자연현상'을 '애정과 혼인' 그리고 '종교적 갈등'의 관점에서 해석한 신화전설이라고 볼 수 있다. 그러나 그 이면에는 '원시사유'와 '원시적 혼인관념과 이상' 그리고 '민간신앙' 등이 내포되어 있는데, 이것들은 모두 백족 고유의 토착문화이다. 따라서 〈망부운〉의 심층구조는 토착문화와 외래문화의 충돌이라 할 수 있고, '주변'과 '소수'로서 '중심'과 '다수'에 맞서 민족문화의 정체성을 견지하고자 하는 무의식적 갈망이 서려있다고 하겠다. 우리는 이를 사라진 왕국에 대한 애잔한 추억이라 불러도 좋으리라. 〈망부운〉의 역사적인 무대가 그래서 '남조'인지 모른다. 그 옛날 대당(大唐) 제국과 당당히 맞섰던 그 왕국 말이다. 정율성이 이러한 〈망부운〉에 관심을 두었던 것은 어쩌면 '동병상련(同病相憐)'이 아니었을까?

참고문헌

(淸) 陳夢雷 편, ≪古今圖書集成≫, 鼎文書局 영인본.

賈芝 편, ≪中國民間故事選二集≫, 北京, 人民文學出版社, 1980. (1판은 1962년)

袁珂, ≪中國神話史≫ 〈揷圖珍藏本〉, 重慶, 重慶出版社, 2007.

편찬위원회, ≪中華民族故事大系≫, 〈瑤族·白族·土家族〉, 上海, 上海文藝出版社, 1995.

편찬위원회, ≪中國民間故事集成≫, 〈雲南省(上)〉, 中國ISBN中心.

편찬위원회, ≪中國民間故事全書≫, 〈雲南·大理卷〉, 北京, 知識産權出版社, 2005.

편찬위원회, ≪中國少數民族古籍集解≫, 昆明, 雲南敎育出版社, 2006.

李纘緖, ≪望夫雲長詩集錦≫, 昆明, 雲南人民出版社, 1981.

徐嘉瑞, ≪望夫雲 - 一個美麗的古老的傳說≫, 北京, 中國靑年出版社, 1957.

雲南省民族事務委員會 편, ≪白族文化大觀≫, 昆明, 雲南民族出版社, 1999.

馬曜, ≪大理文化論≫, 昆明, 雲南敎育出版社, 2001.

魯迅, ≪中國小說史略≫, ≪魯迅全集≫ 9권, 人民文學出版社, 1987年版.

劉先照 주편, ≪中國共産黨主要領導人論民族問題≫, 北京, 民族出版社, 1994.

董秀團, 〈雲南大理白族地區大本曲的流播與傳承〉, ≪民族文學硏究≫, 2006년 3기.

趙櫓, 〈悲壯而崇高的詩篇 - 論望夫雲神話之魅力〉, ≪民族文學硏究≫, 北京, 1985년 2기.

趙櫓, 〈'望夫雲'神話辨析〉, ≪華夏地理≫, 1986 1기.

徐演, 〈回憶祖父徐嘉瑞〉, ≪雲南師範大學學報(哲學社會科學報)≫, 昆明, 1979년 5기.

袁珂, 〈白族'望夫雲'神話闡釋〉, ≪思想戰線≫, 昆明, 1992년, 제2기.
張錫祿, 〈試論白族婚姻制度的演變〉, ≪大理學院學報≫, 大理, 1984년 3기.
엥겔스 지음, ≪가족의 기원 - 루이스 H. 모오간 이론을 바탕으로≫, 전주, 아침, 1985.
루이스 헨리 모건 지음, 최달곤 정동호 옮김, ≪고대사회≫, 서울, 문화문고, 2000.
박광득, 〈중국공산당의 소수민족정책 연구〉, ≪大韓政治學會報≫, 12기 1호.
박병광, 〈중국소수민족정책의 형성과 전개: 민족동화와 융화의 변주곡에 관하여〉, ≪國際政治論叢≫, 2000. 40집 4호.

5. 대중화주의의 편견
: 〈망부운〉과 〈무산신녀〉

5-1 머리말

앞서 살펴보았듯이, 〈망부운〉은 백족이 처한 자연환경과 역사적 삶을 토양으로 탄생한 백족 고유의 민간설화이다. 그러나 이를 채록하여 정리하는 중원의 시각은 이와 크게 상반된다. 대표적인 사례가 바로 〈망부운〉을 내지의 설화인 〈무산신녀〉의 파생물로 보는 것이다. 기실 이러한 현상은 중국 정부 수립 이후 전개되어온 소수민족 정책과 무관하지 않다.

중국 서남부에 자리한 운남성(雲南省)에는 25종에 달하는 다양한 소수민족이 살고 있다. 그 중 대리석 산지로 널리 알려진 대리(大理)는 백족의 자치주로, 뒤로는 창산(蒼山)을 짊어지고 앞으로 이해(洱海)를 안고 있어 배산임수(背山臨水)의 전형적인 모습을 보여준다. 이곳에는 〈망부운〉이라는 백족의 대표적인 민간문학이 유전되어오고 있다. 겨울이 되면 창산 봉우리에 기이한 '구름'이 피어오르고, 그와 동시에 폭풍우가 몰아치는 이해 물속에서 '너럭바위'가 드러나는데, 그 '구름'과 '너럭바위'는 사랑을 못다 하고 죽은 공주와 사냥꾼의 화신이라고 한다. 법사와의 투쟁에 실패한 사냥꾼이 '돌 노새'가 되어 호수에 빠져죽자,

남편(夫)을 기다리다(望) 죽은 공주의 정기가 구름(雲)으로 변하였다. 때문에 이 '망부운'이 출현하면 사람들은 발걸음을 멈추고 모두 그녀를 추념한다는 이야기다.

한편 〈무산신녀(巫山神女)〉는 무산(巫山) 일대에서 발생하여 전승되어 오는 내지(內地)의 신화전설로 중국에서는 새삼 설명이 필요하지 않을 정도로 널리 알려져 있다. 이 점은 송옥(宋玉)이 〈고당부(高唐賦)〉와 〈신녀부(神女賦)〉에서 '무산신녀'의 애정 행각을 묘사한 이후, 여기에서 파생되어 나온 단어들, 예컨대 '조운모우(朝雲暮雨)' '행운행우(行雲行雨)' '운우지정(雲雨之情)' '무산' '무양(巫陽)' '고당(高唐)' '양대(陽臺)' 등이 중국문학에서 애정을 상징하는 전문적인 용어로 널리 쓰이고 있다는 사실에서 쉽게 확인할 수 있다. 뿐만 아니라 〈무산신녀〉는 민간에서도 구두로 지금까지 널리 전승되고 있다.

〈망부운〉과 〈무산신녀〉 두 설화에는 '구름'이 핵심 모티프로 작용하고 있다는 공통점이 있다. 때문에 양자의 연관성을 제기하는 것은 자연스러워 보이고, 실제로 여러 학자들이 영향 관계를 논증하고 있다. 그런데 문제가 되는 것은 모종의 '선입관'이 전제되고 있다는 점이다. '중심' '다수' '내지'의 문화가 언제나 '주변' '소수' '외지'의 문화에 일방적으로 영향력을 발휘한다고 보는 편견이다. 중국에서 소수민족을 바라보는 시각에는 이러한 편견이 은밀하지만 치밀하게 기능하고 있는 경우가 많다. 앞장에서 살펴보았듯이, 사실 '해방' 이후 〈망부운〉이 사회적 관심 아래 채록·정리되고 또 연구되었던 것은, 중국의 소수민족정책과 결코 무관하지 않다. 즉 '해방' 직후, 〈망부운〉을 비롯한 소수민족의 민간문학에 대하여 대대적으로 발굴과 정리를 진행하였던 것은, 소수민족문제를 곧 국방문제와 직결시킬 정도로 중시하여 온건한 민족융합정책을 실시하였던 사회적 분위기와 맥락을 함께 한다. 때문에 배타적 민족동화정책을 강행하였던 1950년대 후반 대약진시기와 60년대 중반부터 70년대 중반까지의 문혁 시기에 이르면, 〈망부운〉 따위는 당연히 안중에서 사라지게 마련이었다. 1980년대 이후 중국의 소수민족정책이 온건한 민족융합정책으로 전환되자, 〈망부운〉은 다시 주목을 받게 된다. 그러나 이와 동시에 1980년대를 거쳐 1990년대에 접어들면서 '내지문화'의 영향으로 〈망부운〉이 형성되었다는 주장이 커지고 있는데, 이는 중국의 소수민족정책의 궁극적인 지향이 소수민족 고유의 문화 창달이나 발전을 추구하는 것이 아니라 한족(漢族) 문화의 전파 및 동화임을 암시해주는 대목이라 할 수 있다.

이 글은 이러한 문제의식에서 출발하여, 먼저 양자를 일방적인 영향 관계로 파악하고 있는 주장을 살펴본 다음, 문헌기록과 구전자료를 직접 비교함으로써 그 허실을 규명하고자 한다. 물론 두 설화 자체의 심층적 함의를 파악하는 것이 전제된다.

5-2 중심과 주변?

앞 제4장에서 살펴보았듯이, 〈망부운〉은 백족의 터전인 자연현상 속에서 태생하여, 그들의 역사적 삶의 궤적을 고스란히 반영하고 있는, 백족 고유의 신화전설로 봄이 당연하다. 그러나 '해방' 이후 〈망부운〉을 비롯한 소수민족 민간고사의 수집과 정리가 모종의 정치적 의도에서 비롯되었던 것처럼, 그에 대한 연구도 중국정부의 소수민족정책과 은밀하게 연계되는 듯하다. 대표적인 사례가 내지문화(內地文化) 혹은 한족문화(漢族文化)의 영향 아래 〈망부운〉이 탄생되었다고 보는 주장이다.

못다 이룬 애정의 한을 품은 공주의 정기가 변하여 구름이 되었다는 〈망부운〉의 핵심 모티프는, 송옥의 〈고당부〉에서 왕과 짧은 사랑을 나눈 뒤 "아침에는 구름이 되고, 저녁에는 비가 된다(旦爲行雲, 暮爲行雨.)"는 말을 남기고 떠나는 무산신녀를 떠올리게 만든다. 때문에 1980년대 그 영향설이 대두되는데, 아직은 조심스럽거나 제한적인 입장이었다. 중국의 대표적인 신화학자 웬커(袁珂)는 〈망부운〉이 남조(南詔) 이후에 탄생하였다고 전제한 다음, 그 중 "정기가 구름이 되는(精氣化雲)" 모티프는 '고당신녀' 즉 '무산신녀'의 영향을 '아마도' 받았을 것이라고 제기하였다.[1] 자오루(趙櫓)는 〈망부운〉이 그 발전과정에서 무산신녀의 영향을 어느 정도 받았겠지만, 구름에 대한 인식이 피차

1) 袁珂, ≪中國神話史≫, 368-369쪽. "〈望夫雲〉正是進入階級社會以後產生的新神話. 它所描述的南詔時代, 是從奴隸社會向封建社會轉化的時代, 至于產生此一神話的時代, 自然還要更遲. '精氣化雲', 或者就是受了高唐神女神話的影響." 이 책은 원래 1988년 上海文藝出版社에서 출판되었고, 그 서문은 1986년에 쓰였다.

크게 다르므로 당연히 독특성을 갖고 있다고 주장하였다.[2)]

1990년대에 접어들면 이러한 유보적인 입장은 단정적으로 바뀌게 된다. 조심스럽고 신중한 태도를 보였던 웬커도 "요초(䔄草) 신화에서 무산신녀 신화로 발전하고, 무산신녀 신화가 발전하여 〈망부운〉 신화가 되었다."라 단정하기에 이르는데, 이 때 그는 초나라 장수 장교(莊蹻)가 전(滇) 지역에 왕 노릇하였던 사실을 유력한 근거로 들고 있다.[3)] 관련 기록을 먼저 보자.

> 애초 초(楚) 위왕(威王) 때, 장군 장교(莊蹻)를 시켜 병사를 이끌고 장강을 거슬러 올라가, 파군·촉군·검중군 서부를 경략하게 하였다. 장교는 옛 초 장왕(莊王)의 후예이다. 장교가 전지(滇池)에 이르자, 땅이 사방 300 리이고, 평지를 끼고 있는데, 비옥 땅이 수 천리인지라, 군대의 위력으로 평정하여 초에 복속시켰다. 돌아가 보고하려고 했는데, 마침 진(秦)이 초의 파군과 검중군을 쳐 빼앗으니, 길이 막혀 통하지 않자, 돌아와 무리를 이끌고 전(滇)의 왕이 되었다. 복식을 바꾸고 그 풍속을 따르며 우두머리가 되었다. 진나라 때 상알(常頞)이 대충 오척도(五尺道)를 통하게 하고, 이곳 여러 나라에 약간의 관리를 두었다. 십여 년만에 진이 멸망하

---

2) 趙櫓, 〈悲壯而崇高的詩篇 - 論'望夫雲'神話之魅力〉, 101쪽, "〈望夫雲〉神話在其發展過程中, 雖然也受到'巫山神女'神話的一定影響, 但'望夫雲'在白族初民的社會實踐中的觀念, 和我國傳統的'雲從龍''雲行雨施'的觀念是不同的, 它自有其獨特性."

3) 袁珂, 〈白族'望夫雲'神話闡釋〉 43쪽, "䔄草神話發展爲巫山神女神話, 巫山神女神話又發展爲望夫雲神話.", 42쪽, "莊蹻王滇, 把楚國文化帶到了雲南, 這就是望夫雲神話能直接和巫山神女神話掛鉤的一個因素."

였다. 한(漢)이 흥기하자, 이들 나라를 포기하고 촉(蜀)의 옛 경계를 관문으로 삼았다. (≪史記·西南夷列傳≫)[4]

위 기록 중 위왕은 경양왕(頃襄王)의 잘못이다.[5] 경양왕은 바로 송옥 〈고당부〉에 나오는 양왕(襄王)이므로, 장교의 일행이 〈무산신녀〉 신화를 전파하였을 가능성은 있다. 그러나 장교가 통치하였던 전지는 지금의 곤명(昆明)으로, 〈망부운〉의 배경인 대리와는 상당한 거리가 있고, 또 당시 이 지역은 여러 작은 나라로 나뉘어져 있었음을 감안하면, 그의 영향력이 미칠 범위는 매우 제한적이었을 것이다. 설사 그렇다 할지라도 〈망부운〉의 형성에 〈무산신녀〉가 직접적인 역할을 하였다는 증거가 될 수 없다. 그런데 웬커는 장교에 의해 전파된 〈무산신녀〉 신화의 씨앗이 매복하고 있다가 1000년 뒤 남조(南詔)에 이르러 발아하고 성장하여 〈망부운〉으로 열매를 맺었다고 말하고 있다.[6] 곤명과

---

4) ≪史記·西南夷列傳≫, "始楚威王時, 使將軍莊蹻, 將兵循江上, 略巴·蜀·黔中以西. 莊蹻者, 故楚莊王苗裔也. 蹻至滇池, 地方三百里, 旁平地, 肥饒數千里, 以兵威定屬楚. 欲歸報, 會秦擊奪楚巴·黔中郡, 道塞不通, 因還, 以其衆王滇, 變服, 從其俗, 以長之. 秦時常頞略通五尺道, 諸此國頗置吏焉. 十餘歲, 秦滅. 及漢興, 皆棄此國而開(關의 잘못)蜀故徼."

5) ≪後漢書≫와 ≪華陽國志≫에 모두 경양왕으로 되어 있다. 실제로 경양왕19년(서기전 280)에 진나라가 초의 검중의 땅을 빼앗고, 22년에 검중과 巫地를 재차 탈취하였다.

6) 袁珂, 〈白族'望夫雲'神話闡釋〉 43쪽, "南詔建國時期約當唐代中葉, 而早在前此千年就埋伏下巫山神女神話的種子了. 到了一定時間, 遇到適當的土壤·氣候, 它又會重新發芽·開花·結果, 形成像望夫雲那樣與巫山神女神話有一個共同的'精氣化雲'神話核心的新神話, 正無足怪."

대리가 지리적으로 상당히 떨어져 있는데다가 1000년이란 긴 세월 동안의 잠복기가 있었다는 주장은 아무래도 납득하기 어렵다. 사실 정기가 구름이 된다는 식의 발상은 '유년기' 인류의 보편적 현상이라 하여도 과언이 아닌 것이다.

가장 극단적인 주장을 하는 사람으로는 푸광위(傅光宇)를 꼽을 수 있다.[7] 그는 먼저 〈무산신녀〉에 〈망부운〉의 주요 모티프인 '돌 노새가 되고' '남편을 기다리는 단락'이 부재함을 의식하여, 우(禹) 임금의 부인 도산씨(塗山氏)가 남편을 기다리며 노래를 불렀고[8], 훗날 치수를 하면서 곰으로 변신한 남편에 놀라 바위가 되었다[9]는 설화를 끌어들인 다음, 그녀가 '무산신녀'와 동일한 인물임을 '증명'한다.[10] 이어 〈망부운〉의 형성을 세 단계로 설명하고 있다. 즉, '조운(朝雲)' 신화와 원시 '망부(望夫)' 콤플렉스의 발전이 신화적 '원형'을 제공하였다(제1단계). 내지에서 흥성한 '망부'산 혹은 '망부'석 전설이 대리 지역으로 이식되었다(제2단계). 내지의 '망부' 콤플렉스를 흡수할 때 취사선택하면서

7) 이하 내용은 傅光宇, 〈'望夫雲'與'望夫'情結 - 白族文學吸收內地文化的一個實例〉을 정리 요약함.

8) ≪呂氏春秋·音初≫, "禹行功, 見塗山氏之女. 禹未之遇, 而巡省南土. 塗山氏之女乃命其妾待禹于塗山之陽, 女乃作歌, 歌曰: '侯人兮猗!' 實始作爲南音."

9) ≪楚辭·天問≫洪興祖補注引≪淮南子≫, "禹治鴻水, 通轘轅山, 化爲熊, 謂塗山氏曰: '欲餉, 聞鼓聲乃來.' 禹跳石, 誤中鼓. 塗山氏往, 見禹方作熊, 慚而去. 至嵩高山下, 化爲石, 方生啓. 禹曰: '歸我子!' 石破北方而啓生."

10) 도산씨와 무산신녀의 연관성은 聞一多가 〈高唐神女傳說之分析〉에서 일찍이 지적한 바 있다.

점차 〈망부운〉이 완벽하여졌다(제3단계).

그의 주장을 따르면, 〈망부운〉은 그것의 원형부터 발전에 이르기까지 철저하게 내지문화(중원문화)로부터 자양분을 공급받은 것이 된다. 다만 웬커와 다른 점이 있다면, 〈망부운〉의 핵심 내용을 '망부'로 파악하고 그 원형으로 도산씨를 지목하는 부분이다. 따라서 부광위는 웬커와 마찬가지로 〈망부운〉의 '구름(化雲)' 모티프를 무산신녀에서 찾은 다음, 무산신녀에 들어있지 않는 '망부' 모티프를 도산씨로부터 추출하여 보완함으로써, 〈망부운〉이 "내지문화를 흡수한 백족 민간문학의 대표적인 실례임"을 '성공'적으로 증명하고 있다.

그런데 문제는 '망부' 모티프가 중국뿐만 아니라 우리나라 여러 지역에서도 쉽게 확인될 정도로 보편적이라는 데 있다. 예를 들자면, 신라 눌지왕(訥祗王) 때 박제상(朴堤上)의 아내가 일본에 볼모로 있는 왕자를 구출하고 체포되어 죽음을 당한 남편을 기다리다 그대로 돌부처가 되어 뒷날 사람들이 '망부석'이라 불렀다는 설화가 대표적이다. 이처럼 여러 지역에 두루 존재하는 보편적인 설화를, 한 가지 특정한 설화에서 파생되어 나온 것이라고 구차스러울 정도로 내세우는 것은 일종의 '문화패권주의'라 할 수 있다. 또한 "무엇이 무엇으로 변한다."는 식의 '변신' 모티프는 '유년시절'의 인류가 보편적으로 갖고 있던 '만유정령' 관념에 뿌리를 두고 있는 것이다. 무산 지역에 아침이면 구름(朝雲)이 유달리 많다면, 대리 지역에는 겨울이면 기이한 구름(望夫雲)이 피어오른다. "옛날 원시인들은 천지만물이 변화무상하고,

또 여러 현상이 사람의 능력 이상에서 나오는 것을 보면, 스스로 여러 설을 만들어 그것을 해석"하였고, 우리는 "무릇 이렇게 해석된 것을 오늘날 신화라고 부르고" 있을 따름이라면[11], 〈망부운〉의 '구름' 모티프의 유래를 〈무산신녀〉에서 반드시 찾아야 할 필요가 없는 것이다. 자연현상을 신화적 상상력으로 해석하는 능력은 민족의 규모(다수와 소수)나 지정학적 위치(중심과 주변)와 무관하기 때문이다.

사실 소수민족 신화전설의 연구는 누가 누구에게 영향을 주었다는 데 천착하기에 앞서 그 심층적 구조와 의미를 규명하는 데 중점을 두어야 한다.

5-3 두 설화의 문헌기록 비교

〈망부운〉은 오랜 세월 백족의 언어(白語)로 구전되어왔을 터이지만, 명·청대에 들어서서야 문헌에 기록되기 시작하고, 그 양도 그다지 많지 않다. 앞 제4장에서 우리는 이들 자료를 종합한 결과, 〈망부운〉의 형성 과정을 다음과 같이 추론한 바 있다. 창산과 이해에 나타나는 기이한 '자연현상'을 설명하는 원형적 신화에, '애정과 혼인' 그리고 '종교와 신통력'에 관한 설화가 융합되면서 서사성이 강한 지금의 〈망부운〉이 탄생하였다. 그 시

11) 魯迅, ≪中國小說史略≫〈神話與傳說〉, "昔者初民, 見天地萬物, 變異不常, 其諸現象, 又出於人力所能以上, 則自造衆說以解釋之. 凡所解釋, 今謂之神話."

기를 구체적으로 단정하기는 어렵지만, 대체로 〈망부운〉의 근간을 이루는 '자연현상' 관련 모티프의 탄생은 대리 지역에 백족의 선민들이 거주할 때로 거슬러 올라가고, '애정과 혼인' 관련 내용(신분으로 인한 갈등)은 '공주'나 '궁녀'라는 신분이 등장하므로 빨라야 남조(南詔) 초기에 첨가되었으며, 주술적 요소가 강한 밀교가 성행한 시기가 남조 후기이므로 '토착신앙과 외래종교의 갈등' 관련 내용이 가장 늦게 추가되었을 것으로 추정된다. 그러므로 〈망부운〉은 먼 옛날 백족의 터전이 되는 자연환경에서 발아하여, 백족의 역사적 삶의 궤적을 고스란히 담아가면서 개화하고 열매를 맺은 백족 고유의 신화전설이라고 할 수 있다.

이제 본격적으로 〈망부운〉과 〈무산신녀〉를 비교하며 분석해 보자. 읽는 편의를 위하여 앞 장에서 살펴보았던 〈망부운〉에 관한 문헌기록을 두 가지만 다시 인용하기로 하자. 먼저 '자연현상'의 해석에 중점을 두고 있는 기록이다. 출처는 강희(康熙: 1662-1722) 연간에 동헌주인(東軒主人)이 찬한 ≪술이기(述異記)≫이다.

> 조주(趙州)에 이해가 있는데, 현지 사람들이 대리부(大理府)로 가려면 반드시 거쳐야 한다. 그러나 풍파가 심하게 사나우면, 조금이라도 자신을 아낄 줄 아는 사람들은 모두 육로를 선택한다. 그 호수에 '망부운'이 일면 감히 갈 수 없기 때문이다. 다음과 같이 전한다.
>
> 악룡 한 마리가 진압되어 호수 가운데에 있고, 그 용 암컷이 창산에 살고 있는데, 서로 만나려고 하면, 창산에 구름이 피워 올라,

계단처럼 늘어서, 20리를 에워싸다가 호수 가운데에 이르러서야 그쳤다. 이 날은 거센 바람이 나무를 뽑고, 가옥이 덜컹덜컹 소리를 냈다. 그러나 천상의 구름을 자세히 보면 조금도 움직임이 없고, 또한 크기나 밝기의 차이도 없으니, 참으로 괴이한 일이다.[12)]

이 설화의 핵심은 창산과 이해 일대에 일어나는 기이한 구름과 바람에 관한 해석이다. 이와 같은 자연현상을 수컷용을 찾고자 하는 암컷용의 조화로 해석하고 있다. 비록 사람이 아닌 동물이지만, '암컷'이 '수컷'을 만나려고 조화를 부리고, 그 구름을 '망부운'이라고 부르고 있기 때문에 현재 구전되고 있는 〈망부운〉과 본질적으로 동일한 구조로 인정된다. 웬커가 지적하였듯이, 자연현상을 해석하는 신화가 모든 신화의 시초라면[13)], '망부운'을 중심으로 하는 일련의 자연현상을 설명하는 위 기록은 〈망부운〉의 초기 형태를 어느 정도 간직하고 있는 것으로 보인다. 〈망부운〉에 이설(異說)이 많음에도 불구하고 시간적으로나 공간적으로나 일정한 동질성을 유지할 수 있었던 것도 바로 '망부운' 관련 현상이 예나 지금이나 일어나고 있기 때문일 것이다.

다음은 ≪대리부지(大理府志)≫에 기록된 〈망부운〉이다.

---

12) 제4장 제2절 참조, 傅光宇, 〈'望夫雲'與'望夫'情結 - 白族文學吸收內地文化的一個實例〉, 11쪽에서 재인용.

13) 袁珂, ≪中國神話史≫, 365쪽, "解釋自然現象的神話, 實在是除了動植物神話以外一切神話的開始."

세상에 전하길, 옛적에 가난한 사람이 창산의 산신을 만났는데, 기이한 술수를 전수해 주었다. 그래서 문득 날개가 생겨 날 수가 있었다. 하루는 남조(南詔)의 궁궐에 이르러, 공주를 납치하여 옥국봉(玉局峰)으로 들어가 부부가 되었다. 무릇 먹고 마시고 사용할 것을 모두 조달할 수 있었다.

후에 공주에게 편안한지 묻자, 다만 너무 추울 따름이라고 하였다. 그 사람이 하동(河東)의 고승에게 칠보가사가 있다는 소리를 듣고서, 날아가서 훔쳤다. 돌아올 적에 고승이 깨어나 법력으로 그를 제압하니, 마침내 물에 빠져 죽었다.

공주는 남편을 기다리다 오지 않자, 울적하여 죽고 말았다. 그녀의 정기가 구름이 되어 오르락내리락하는데 마치 남편이 오는가를 살피는 것 같았다.

이 구름이 일면, 이해에도 곧 구름이 생겨 호응하고, 폭풍이 크게 일어나서, 배들이 감히 운행하지 못했다. 그래서 사람들은 '망부운'이라 부르고, 또 '무도운(無渡雲)'이라 불렀다.[14]

암수 한 쌍의 용이 '가난한 사람'과 '공주'로 바뀌고, 산신(토착신앙)의 도움으로 부부가 되었다가 법사(외래종교)의 방해로 좌절을 겪는 과정이 서술되고 있다. 비록 그 과정 묘사가 간략하고 '돌 노새'로 변하는 모티프가 보이지 않지만, 현재 유전되고 있는 〈망부운〉의 주요 단락을 대체로 갖추고 있다. 이야기가 풍부해졌음에도 불구하고 창산의 '구름'과 이해의 '폭풍'이라는 자연현상이 여전히 서사의 주요 축을 담당하고 있는 점은 주목할 만하다.

14) 제4장 제2절 참조.

〈망부운〉과 달리 〈무산신녀〉는 선진(先秦) 시기에 이미 문헌에 기록되기 시작했다. 그 중에서 가장 널리 알려진 것은 송옥의 〈고당부〉에 나오는 다음 대목이다.

> 옛적에 초 양왕이 송옥과 함께 운몽의 누대에서 노닐며, 고당의 누관을 바라보니, 그 위에 유독 구름 기운이 있었다. 산봉우리인 양 곧게 오르다가 문득 모습을 바꾸고, 잠간 동안에 변화가 무궁하였다.
>
> 왕이 송옥에게 물었다. "이것은 무슨 기운인가?" 송옥이 대답하였다. "이른바 조운(朝雲, 아침구름)이라는 것입니다." 왕이 말했다. "무엇을 조운이라 하는가?" 송옥이 말했다. "옛적에 선왕께서 고당을 노니셨는데, 싫증이 나 낮잠을 자다가 꿈에 한 부인을 만났습니다. 그녀가 말하길, '저는 무산의 여인으로, 고당의 나그네가 되었습니다. 임금께서 고당에서 노니신다는 말씀을 듣고서 잠자리를 모시기를 원합니다.' 그러자 왕께서 그녀를 괴셨습니다. 떠나면서 하직 인사를 하기를, '저는 무산의 남쪽, 높은 산의 험한 곳에 사는데, 아침에는 구름이 되고 저녁에는 비가 되어, 아침저녁으로 양대를 내려옵니다.' 다음 날 보니 말한 대로였다. 그러므로 사당을 세우고 조운이라 불렀습니다."[15]

15) ≪文選≫ 권19 〈高唐賦〉, "昔者楚襄王與宋玉遊於雲夢之臺, 望高唐之觀. 其上獨有雲氣, 崒兮直上, 忽兮改容, 須臾之間變化無窮. 王問玉曰, 此何氣也. 玉對曰, 所謂朝雲者也. 王曰, 何謂朝雲. 玉曰, 昔者先王嘗遊高唐, 怠而晝寢. 夢見一婦人, 曰, 妾巫山之女也, 爲高唐之客. 聞君遊高唐, 願薦枕席. 王因幸之, 去而辭曰, 妾在巫山之陽, 高山之阻, 旦爲朝雲, 暮爲行雨, 朝朝暮暮, 陽臺之下. 旦朝視之, 如言. 故爲立廟, 號曰朝雲."

초 양왕과 송옥의 대화로 구성되어 있지만, 〈무산신녀〉 설화의 주인공은 그들이 아니라 선왕(先王)과 '무산지녀(巫山之女)'이다. 그리고 이야기도 극히 간단하다. 선왕이 꿈속에서 '무산지녀'와 한바탕 사랑을 나누었다는 것뿐이다. 특이한 점이 있다면 그 여인이 주동적으로 잠자리 시중을 요청하였다는 것인데, 이러한 행위에 대해서 정복당한 파족(巴族)이 승리자인 초나라 왕에게 복종하는 상징적 의식으로 해석하는 사람도 있고[16], '유녀(遊女)'의 풍속에서 영감을 얻었다고 보는 사람도 있다.[17] 그러나 어쨌든 '신'녀로서의 면모가 잘 드러나지는 않는다. 문일다(聞一多)의 주장에 따르자면, 이는 문명이 진보함에 따라 생식기능을 종교로 삼는 원시 풍속을 부끄럽게 여긴 나머지 송옥이 '신녀'를 '음녀(淫女)'로 격하시킨 것이라고 한다.[18]

---

16) 程地宇, 〈巫山神女: 巴楚民族歷史文化融合的結晶〉, 45쪽. "這固然是楚人對巴文化的吸收, 同時又是從自己的民族利益出發對它的改造, 從此, 巫山神女的故事也由巴文化體系納入了楚文化體系. … 巫山神女的'自薦枕席', 不過是對勝利者臣服的一種象徵儀式." 한편 이에 앞서 張應斌은 〈巫山神女探源〉에서 淸江 유역에서 발생한 '廩君과 鹽神의 고사'와 '무산신녀'의 유사성을 근거로 하여 다음과 같이 추론하고 있다. "巫山神女是沿着古清江的巫城山·女觀山而進入江漢之間的楚國, 并借助巴楚聯姻和巴楚文化交流而最後走進楚國文化, 并在〈高唐賦〉〈神女賦〉〈襄陽耆舊傳〉等作品中定型定格的."

17) 林涓, 張偉然, 〈巫山神女: 一種文學意象的地理淵源〉, 26쪽, "就宋玉而言, 他將巫山神女塑造成一位奔女形象, 與其說取材于古代的高禖祀典, 還不如說是從遊女的風俗中獲取了靈感."

18) 聞一多, 〈高唐神女傳說之分析〉, 26쪽. "文明的進步把羞恥心培植出來了, 虔誠一變而爲淫慾, 驚畏一變而爲玩狎, 于是那以先妣而兼高禖的高唐,

'신'녀로서의 진면목을 보다 잘 보여주는 기록은 진(晉) 역사학자 습착치(習鑿齒)의 ≪양양기구전(襄陽耆舊傳)≫이라 할 수 있다. 이 책은 이미 망실되었지만, 당나라 사람들의 글이나 유서(類書)에 〈무산신녀〉에 관한 부분이 전하고 있다. 다음 기록은 그 중에서 가장 자세한 것에 속한다.

양왕이 송옥과 함께 운몽의 누대에서 노닐며, 고당의 누관을 바라보니, 그 위에 구름 기운이 있었는데, 변화가 무궁하였다.

왕이 말했다. "무슨 기운인가?" 송옥이 말했다. "옛적에 선왕께서 고당을 노니셨는데, 싫증이 나 낮잠을 자다가 꿈에 한 부인을 만났습니다. 구름처럼 뿌옇고, 별처럼 밝았습니다. 장차 떠나려고 멈추지 않았는데, 떠가는 듯하다가 갑자기 멈추자, 자세히 보니 서시(西施)의 모습이었습니다. 왕이 기뻐서 묻자, 답하길, '저는 여름 천제의 막내딸로, 요희(瑤姬)라 하는데, 시집을 가지 못하고 죽자, 무산의 누대에 봉해졌습니다. 정령이 풀이 되었는데, 따서 지초를 만들어, 예쁘게 차면, 꿈에서 만나게 됩니다. 소위 무산의 여인이자, 고당의 계집이지요. 임금께서 고당에서 노니신다는 말씀을 듣고서 잠자리를 모시기를 원합니다.' 그러자 왕께서 그녀를 괴셨습니다. 얼마 후 말하기를, '제가 살고 있는 구석(?)은 아직 말할 수 없습니다. 이제 임금을 만난 복과 쉰네를 괴신 정성(?)으로, 임금의 후손을 어루만져, 장강과 한수 사이에서 번식하게 하겠습니다.' 왕이 사의를 표하자, 하직 인사를 하고 떠나며 말하길, '저는 무산의 남쪽, 높은 산의 험한 곳에 사는데, 아침에는 구름이 되

在宋玉的賦中，便不能不墮落成一個奔女了."

고 저녁에는 비가 되어, 아침저녁으로 양대를 내려옵니다.' 왕이 아침에 보니 말한 대로이자, 이에 객사를 세우고 조운이라 불렀습니다."

왕이 말했다. "원컨대 그대가 부를 지어, 초나라를 위해 기록하라."[19)]

몇 군데 뜻이 모호한 곳에 오자(誤字)가 있는 듯하지만,[20)] 전체적인 뜻을 파악하는 데 큰 어려움은 없다. 〈고당부〉와 비교할 때 크게 두드러지는 차이는 두 가지이다. 첫째는 등장인물이 '천제의 딸'로서 분명한 '신보(神譜)'를 갖고 있다는 점이다. 따라서 그녀는 비록 왕과 '육체적인 사랑'을 나누지만 ≪산해경≫으로부터 부여받은 자신의 '신성(神性)'을 잃지 않는다.[21)] 둘째는 초

---

19) 唐 余知古, ≪渚宮舊事≫ 권3, ≪襄陽耆舊傳≫, "襄王與宋玉遊於雲夢之臺, 望高唐之觀. 其上有雲氣, 變化無窮. 王曰, 何氣也. 玉曰, 昔者先王嘗遊於高唐, 怠而晝寢. 夢見一婦人, 曖乎若雲, 皎乎若星, 將行未止, 如浮忽停, 詳而觀之, 西施之形. 王悅而問之. 曰, 我夏帝之季女也, 名曰瑤姬, 未行而亡, 封乎巫山之臺. 精魂爲草, 摘而爲芝, 媚而服焉, 則與夢期. 所謂巫山之女, 高唐之姬. 聞君遊於高唐, 願薦枕席. 王因幸之. 旣而言曰, 妾處之羭, 尙莫可言之. 今遇君之靈, 幸妾之搴. 將撫君苗裔, 藩乎江漢之間. 王謝之. 辭去曰, 妾在巫山之陽, 高山之阻, 旦爲朝雲, 暮爲行雨, 朝朝暮暮, 陽臺之下. 王朝視之, 如言. 乃爲立館, 號曰朝雲. 王曰, 願子賦之, 以爲楚志." ≪四庫全書集≫ 史部165 雜史類.

20) 連鎭標, 〈巫山神女故事的起源及其演變〉, 109쪽. "其中有一二處不好理解, 文字或許有訛誤, 但今無他本可以校勘." 필자는 "妾處之羭" 중 '羭'를 '隅'로, "幸妾之搴" 중 '搴'을 '虔'으로 잠정적으로 보았다.

21) ≪山海經·中次七經≫, "다시 동쪽으로 200리를 가면 고요산이라는 곳이다. 염제의 딸이 여기에서 죽어 그 주검을 여시라고 부르는데, 요초

나라 후손들의 번창을 축원하는 대목이 시사하듯이 생식을 주관하는 신통력을 갖고 있다는 점이다. 이 점에서 보면 문일다가 그녀를 선비(先妣)와 고매(高禖)를 겸하는, 생식기능을 주관하는 신격으로 파악함은 타당하다.[22]

〈고당부〉와 ≪양양기구전≫ 두 문헌이 묘사하고 있는 신녀의 형상은 상당한 차이가 있지만, “아침에는 구름이 되고 저녁에는 비가 되”는 점은 일치한다. 이는 무산 일대의 자연지리 환경과 긴밀하게 연계된다. “아침에 구름이 많고 저녁에 비가 많은” 파동(巴東) 일대의 기후 특징이 고스란히 반영되어 있는 것이다.[23] 이런 의미에서 〈무산신녀〉 역시 ‘자연현상해석신화’ 범주에 속한다고 할 수 있다. 그러나 ‘구름’과 ‘비’ 모티프가 서사 구조에서 차지하는 비중은 크지 않다.

문헌기록에 보이는 〈망부운〉과 〈무산신녀〉를 비교해보면 같은 점보다 다른 점이 더 많다. 우선 양자의 주요 사항을 간단히 도표로 제시하여 본다.

(䔄草)로 화하였다. 그 잎은 서로 겹쳐 나고 꽃은 노랗고 열매는 새삼 같은데 이것을 먹으면 남에게 사랑을 받는다.(又東二百里, 曰姑媱之山. 帝女死焉, 其名曰女尸, 化爲䔄草, 其葉胥成, 其華黃, 其實如菟丘, 服之媚于人.)” 정재서 역주, ≪山海經≫, 182쪽.

22) 주 18 참조.

23) 林涓, 張偉然, 〈巫山神女: 一種文學意象的地理淵源〉, 24쪽, “巴東一帶的氣候特點便是朝多雲而暮多雨的. … 宋玉爲神女安排的‘朝雲暮雨‘兩個化身實在是對巫山氣候景觀的高度總結.”

	〈망부운〉		〈무산신녀〉	
	술이기	대리부지	고당부	양양기구전
주인공	암컷용과 수컷용	남자와 공주	신녀와 왕	신녀와 왕
주인공의 속성	동물과 동물	인간과 인간	신과 인간	신과 인간
애정 형태	배우자 관계	배우자 관계	일시적 관계	일시적 관계
적대 세력	있지만 미상	법사	없음	없음
형상 모티프	구름과 폭풍	구름과 폭풍	구름과 비	구름과 비
형상 변신의 주체	암컷용과 수컷용	공주와 남자	신녀	신녀

서사적 측면에서 볼 때 〈무산신녀〉에 비해 〈망부운〉(특히 ≪대리부지≫ 판본)은 애정을 방해하는 적대 세력을 설정하고 있기 때문에 이야기의 짜임새가 훨씬 탄탄한 느낌을 준다. 이는 명·청대 서사문학(소설)이 극성하던 시기에 〈망부운〉이 문헌으로 기록된 데서 주로 기인하겠지만, 사실 두 설화 자체의 태생적 차이에서 비롯된 면도 무시할 수 없다. '자연현상해석'이라는 측면에서 볼 때, 〈망부운〉의 핵심 현상은 창산의 구름과 이해의 폭풍으로 두 남녀의 변신인 반면, 〈무산신녀〉의 구름과 비는 단지 신녀의 일상 모습에 불과하여, 출발부터 그 성질이 질적으로 다른 것이다. 굳이 '구름' 모티프에 초점을 맞춘다면, 유사한 자연현상에 대한 해석이므로 유사한 면이 있기 마련일 터이지만, 양자를 동일한 것으로 파악하거나 어느 한쪽의 영향 아래 다른 한쪽이 탄생하였다고 보는 것은 무리이다.

5-4 두 설화의 구전자료 비교

〈망부운〉은 문헌기록 보다는 민간에서 구전으로 더욱 널리 유전되어 왔는데, 이러한 구전자료에 대한 수집은 1940년대 시작되었고, 이른바 '해방' 이후 더욱 활발해져 현재 20종이 채록·정리되었다. 이것들은 다시 1950년대와 1980년대로 크게 나누어지는데, 앞 제5장에서 각각 3편과 2편의 판본을 비교·분석한 바 있다.

1950년대 채록·정리된 〈망부운〉의 공통점은 이원적 대결 구조가 부각되고 있다는 점이다. 특히 1980년대 이후 채록본에 어김없이 등장하는 '부마(駙馬)'가 1950년대 판본에 보이지 않는 점이 눈에 띄는데, 이는 의도적인 삭제로 보인다. 만약 그렇다면 그 이유는 무엇인가? 〈망부운〉이 '애정과 혼인 문제' 관점에서 읽히는 것을 최대한 억제하는 한편 '계급투쟁'의 '정신'을 부각시키고자 하는 치밀한 '배려'였던 것으로 파악된다. 반면 1980년대의 〈망부운〉은 사랑의 경쟁자가 존재함으로써 '애정과 혼인 문제'가 부각되고, 독자의 흥미를 끄는 서사적 장치가 첨가되고 있다. 이러한 변화는 개혁·개방 이후 1980년대 중반에 이르면서 비로소 문학 본연의 사명인 '인간 찾기'로 정착되어 가기 시작하는 중국 사회·문화의 전반적인 분위기와 궤를 함께 한다.

논의의 편리를 위하여 1980년대에 채록된 판본 한 가지만 다시 인용한다. 중화인민공화국문화부와 국가민족사무위원회 그리고 중국민간문예가협회가 주관하여 국가적 프로젝트로 출간

된 ≪중국민간고사집성(中國民間故事集成)≫에 수록된 〈망부운〉이다.[24)]

① 남조의 공주가 19세가 되도록 이상적인 짝을 찾지 못함.
② '요삼령(繞三靈)'에서 공주와 사냥꾼이 만남.
③ 왕이 대장군(大軍將)을 부마로 지정하고 결혼을 다그침.
④ 까치가 공주의 마음을 사냥꾼에게 전함.
⑤ 공주를 구하러 가다가 사냥꾼이 다친 노인을 만나 도와줌.
⑥ 노인(山神)의 비법으로 사냥꾼이 날 수 있게 됨.
⑦ 공주를 구출하여 옥국봉(玉局峯)에서 부부가 됨.
⑧ 법사가 신등(神燈)으로 두 사람의 행적을 알아냄.
⑨ 법사가 까마귀를 보내 돌아오라고 공주를 설득함.
⑩ 공주가 거부하자 법사가 강추위를 일으킴.
⑪ 사냥꾼이 법사의 가사를 훔치러 감.
⑫ 법사에 의해 사냥꾼이 '돌 노새(石騾)'가 되어 호수에 빠져 죽음.
⑬ 공주가 구름이 되어 나타나면, '돌 노새'가 나올 때까지 폭풍이 붊.
⑭ 이러한 현상이 겨울마다 발생하자 이를 '망부운'이라 칭함.

앞서 살펴본 ≪대리부지≫의 〈망부운〉을 기본적으로 계승하고 있지만, 우선 자연현상에 대한 해석이 분명해진 점이 주목할 만하다. 옥국봉 위의 구름(망부운)과 이해 물 속의 너럭바위(돌

24) 편집위원회, ≪中國民間故事集成≫, 〈雲南省(上)〉, 711-713쪽. 백족인 楊華軒이 구술하고, 역시 백족인 楊慶文이 1981년 채록한 것임. 이 작품은 편집위원회, ≪中華民族故事大系≫ 권5, 556-561쪽에도 실려 있다.

노새)가 각각 공주와 사냥꾼의 화신이며, 동시에 일어나는 일련의 폭풍우와 파도 역시 그들이 빚어낸다는 것이다. 〈망부운〉의 사건의 핵심은 자유연애와 혼인을 추구하는 공주와 사냥꾼, 그리고 이를 가로막는 왕과 법사 사이의 대결이다. 특히 '요삼령'은 자유연애와 혼인을 상징하는 백족의 오랜 풍속이므로, 공주가 왕이 정해준 부마를 거부하고 '요삼령'에서 알게 된 사냥꾼을 사랑하는 것은, 민족전통에 대한 '회상'이자 외래문화에 대한 '대항'을 의미하게 된다. 그렇다면 왕과 법사는 봉건적 혼인제도(외래문화)를 대변하게 된다. '토착신앙과 외래종교의 갈등'도 〈망부운〉의 중요한 요소이다. 법사가 외래종교인 불교를 대변한다면 산신의 도움을 받는 사냥꾼은 토착신앙을 대변한다. 비록 사냥꾼은 법사와의 대결에서 패하여, 공주와 사냥꾼의 사랑은 파국을 맞지만, 그들은 결코 포기하지 않는다. '망부운'과 '돌 노새'로 변신하여 사랑을 견지하는데, 이 때 그들의 노력은 개인적인 애정 문제를 넘어서 종교적 신앙으로 이어지고 또 나아가 외래문화의 충격에 대항하여 토착문화를 지키려는 몸부림으로 확대된다. 이런 관점에서 필자는 제5장에서 〈망부운〉의 심층구조를 토착문화와 외래문화의 충돌로 파악한 바 있다. 사실 '주변'과 '소수'의 위치에서 민족적 정체성을 지키려는 백족들의 소리 없는 외침이 〈망부운〉에 서려있다고 보아도 지나치지 않을 것이다.

무산 일대에서 채록된 '무산신녀' 민간설화는 송옥의 〈고당부〉와 〈신녀부〉로 대표되는 문인들의 기록과 매우 다른 모습을 보인다. 대체로 말해서, 오대(五代) 촉(蜀)의 도사이자 도교 학자인 두광정(杜光庭)이 철저하게 도교의 입장에서 정리·개작한 판본을 계승하는 것으로 판단된다. 그가 찬술한 도교의 신선 전기인 ≪용성집선록(墉城集仙錄)≫ 권3에 '운화부인전(雲華夫人傳)'이라는 제목으로 실려 있는데, 그 내용은 다음과 같이 요약된다.

> 서왕모의 23째 딸, 요희는 도를 닦아 운화부인에 봉해졌다. 동해를 유람하고 돌아오다가 무산에 머무는데, 때마침 우가 치수를 하다가 난관에 봉착하였다. 우가 운화부인을 만나 도움을 요청하여 치수에 성공하고, 운화부인을 예방하는데, 갖가지 사물로 변신하여 원래의 모습을 드러내지 않았다. 마침내 운화부인을 만난 뒤, 그녀의 도움으로 우가 평천하(平天下)하고 자정진인(紫庭眞人)이 되었다.[25)]

이야기 핵심은 운화부인이 우의 치수를 돕는다는 것인데, 무산 일대에서 채록된 5편의 설화도 이와 마찬가지다. 우선 5개의 판본을 주요 화소를 중심으로 정리하여 도표로 제시하면 다음과 같다.[26)]

---

25) 杜光庭, ≪墉城集仙錄≫, ≪道藏≫ 제18책, 178-179쪽을 필자가 요약 정리함.

26) 祝曉春, ≪巫山神女傳說研究≫, 35-36쪽에 근거하여 필자가 일부 수정을 가함. 설화1은 田海燕의 〈神女峰〉, 설화2는 韓致中의 〈巫山神女〉, 설화3은 唐探峰의 〈神女的傳說〉, 설화4는 譚成玉의 〈神女傳說〉, 설화5는 〈神女峰〉을 가리킨다. 자세한 서지사항은 앞의 논문 참조.

	설화1	설화2	설화3	설화4	설화5
요희는 서왕모의 딸임	○	○	○		○
요희가 선계에서 문무를 익힘	○	○	○		
선계와 인간계를 노님	○		○		
동해 용왕이 청혼을 함	○	○			○
교룡 12마리를 처단함	○	○	○	○	○
교룡 주검이 강물을 막음	○		○	○	○
요희가 우의 치수를 도움	○	○	○	○	○
우가 요희를 예방함	○		○	○	
요희가 백성의 고통을 해결함	○	○	○		○
사당을 세워 신녀를 모심	○		○	○	
신녀가 산봉우리가 됨	○	○		○	○

* ○는 관련 이야기 단락이 있음을 나타냄.

이 중 앞의 〈망부운〉과 같은 총서에 수록되어 있는 설화3 〈신녀의 전설(神女的傳說)〉[27]을 좀더 자세히 살펴보기로 하자.

① 서왕모가 23째 딸 요희(瑤姬)를 운화상관부인(雲華上官夫人)에 봉함.
② 천상 세계에 실증이 난 요희가 인간세계로 유람을 떠나기로 함.
③ 동해 유람 시, 풍파를 일으켜 사람을 해치는 용왕을 응징함.

27) 편집위원회, ≪中國民間故事集成≫, 〈四川省(上)〉, 98-100쪽. 주민 朱奉天(72세)의 구술을, 唐採峰(47세)가 1980년 巫山縣 巫峽鎭에서 채록한 것임.

④ 무산 유람 시, 풍우를 일으켜 사람을 해치는 용 12마리를 처단함.

⑤ 용의 주검이 물길을 막아 무산 일대가 물바다가 됨.

⑥ 우 임금이 홍수를 다스리지만 역부족임.

⑦ 요희가 천서(天書)를 주고, 대신(大神)을 파견하여 우의 치수를 도움.

⑧ 우가 요희를 예방하나, 여러 가지로 변신하여 모습을 드러내지 않음.

⑨ 요희를 만난 뒤, 그녀의 도움으로 치수에 성공하고, 왕으로 추대됨.

⑩ 신녀묘(神女廟)를 세워 사람들이 그녀의 공덕을 기림.

'신녀와 왕' 사이에서 일어난 에피소드가 골격을 이루고, 별다른 적대 세력이 등장하지 않는다는 점 등이 유사하지만, 문헌기록과 구전자료 상의 〈무산신녀〉는 전혀 다른 설화라 할 수 있을 정도로 큰 차이를 보여주고 있다. 우선 '자연현상해석'의 측면에서 볼 때, 〈신녀의 전설〉은 비록 '운화상관부인'이라는 이름에 구름이란 뜻이 들어있지만, 그것이 형상 모티프로 기능하는 비중은 문헌기록의 그 것보다 더욱 낮아졌다. 이야기 단락 ⑧에서 우임금이 신녀를 만나러 갔을 때, 그녀는 '옅은 구름' → '가랑비' → '용' → '선학(仙鶴)' → '청석(青石)'으로 변신하는데, 이는 〈망부운〉에서 '망부운'이라는 구름이 여전히 핵심 모티프로 기능하는 것과 크게 구별된다.

또한 신녀와 왕의 야릇한 사랑마저 탈각(脫却)해 버리고, 종교적 각도에서 요희와 우를 주종(主從) 관계로 설정하고 있다. 이

것은 〈무산신녀〉 설화가 민간도교가 성행했던 양자강 상류 지역에서 발생하였던 것과 관련이 있지만, 어쨌든 애정 요소의 탈각은 설화를 무미건조하게 만들고 있다. 바꿔 말하자면, 현재 구전되고 있는 〈무산신녀〉는 민간의 소박한 체취가 묻어나오는 설화로 보기 보다는 선교용 도교신선전기(道敎神仙傳記)로 보는 것이 적합하다고 하겠다. 특히 운화상관부인의 자격으로 장황하게 늘어놓는 설교는 서사적 흥미를 크게 손상시킨다.

구전자료에 보이는 〈망부운〉과 〈무산신녀〉는 문헌기록에서보다 더 큰 차이를 드러내고 있다. 지금까지의 논의를 도표로 간단히 정리해보자.

	〈망부운〉	〈무산신녀〉
주인공	공주와 사냥꾼	운화부인과 우 임금
주인공의 속성	인간과 인간	신과 인간
애정 관계	부부 관계	애정 관계가 아님
적대 세력	왕과 법사	없음
형상 모티프	구름(망부운)과 바위(돌 노새)	구름, 비, 용, 학, 바위
변신의 주체	공주와 사냥꾼	운화부인(신녀)
종교 배경	불교와 토착신앙	도교

구전자료만으로 보자면 두 설화 사이에는 일치하는 항목이 거의 없다. 예컨대 종교적 배경의 경우, 〈망부운〉은 불교와 토착신앙의 대결 구조 속에서 비록 표면적으로는 패배하지만 결

코 포기하지 않는 토착신앙의 강인함을 보여준다면, 〈무산신녀〉는 우 임금마저도 도교에 귀의하는 등 도교의 일방적인 선전에 불과하다. 이 같은 현격한 차이는 양자가 독자적으로 형성·발전되어 왔음을 의미한다.

5-5 맺음말

〈망부운〉은 중국 서남부 운남성 대리 지역에 널리 유전하고 있는, 백족의 대표적인 신화전설이다. 이른바 '해방' 이후 중국 정부는 소수민족정책의 연장선에서 소수민족의 문화에 관심을 쏟아왔다. 덕분에 〈망부운〉도 사회적으로 크게 주목을 받으면서 대대적으로 채록·정리되어왔다. 아울러 연구도 활발하게 진행되었는데, 이 중 〈망부운〉이 〈무산신녀〉의 영향을 받았다는 주장이 주목을 끈다. 심지어 백족문학이 내지(內地)문화를 흡수한 대표적인 실례로 〈망부운〉을 보는 주장마저 있는데, 이는 소수민족 문화 연구의 궁극적 지향이 무엇인지를 반문하게 만드는 대목이라 할 수 있다.

〈망부운〉에서 공주의 정기가 변하여 구름이 되는(精氣化雲) 대목은 〈무산신녀〉에서 신녀가 아침에는 구름이 되고 저녁이면 비가 되는(旦爲行雲, 暮爲行雨) 것과 유사한 면이 있다. 그러나 유사한 것은 유사할 뿐이지, 그 자체만으로 양자의 영향 관계가 입증되는 것은 결코 아니다. 뿐만 아니라 현재로서는 이를 입증할 만한 결정적인 증거가 따로 있는 것도 아니다.

고대 문헌기록과 근자에 채록된 구전자료는 〈망부운〉과 〈무산신녀〉가 예나 지금이나 크게 다르다는 사실을 잘 보여주고 있다. 특히 현재 전승되고 있는 자료만으로 보면 양자는 전혀 무관한 설화라 할 수 있을 정도로 판이하다. 따라서 지금은 〈망부운〉과 〈무산신녀〉를 연계시키는 데 집착하기 보다는 오히려 그 것들의 독자성을 인정하는 바탕 위에 그 것들이 내포하고 있는 심층적 함의를 읽어내는 데에 더욱 힘써야 할 시점이라 할 수 있다.

백족 고유의 신화전설인 〈망부운〉을 내지(內地), 즉 중원 문화의 파생물로 취급하려는 최근의 시도는, 본 책의 주요 관심사인 정율성의 오페라와 시기적으로 차이가 나므로 상관이 없다고 여길지 모르겠다. 당연한 지적이다. 다만 소수민족의 민간설화를 채록하고 정리하는 것은 물론이고 그것에 대한 학술적인 연구조차도 모종의 은밀한 정치적 의도에서 비롯하고 있다는 점은 지적해 둘 필요가 있겠다. 중심과 주변이라는 '중화주의'적 혹은 '문화패권주의'적 사고방식이 결코 과거에 그치지 않고, 현재와 미래에도 지속될 가능성이 높기 때문이다. 기실 정율성이 오페라 〈망부운〉을 창작할 때, 설화 〈망부운〉이 애잔한 소수민족의 자화상이어서 그것을 주목하였다면, 당시 그가 품었을 우려가 여전히 유효하다는 의미이다. '대국굴기(大國崛起)'이니 '일대일로(一帶一路)'이니 하면서 목소리를 높이고 있는 최근 중국의 행보를 떠올리면 말이다.

참고문헌

(淸) 陳夢雷 편, ≪古今圖書集成≫, 鼎文書局 영인본.

袁珂, ≪中國神話史≫ 〈揷圖珍藏本〉, 重慶, 重慶出版社, 2007.

편집위원회, ≪中華民族故事大系≫, 上海, 上海文藝出版社, 1995.

편집위원회, ≪中國民間故事集成≫, 〈雲南省(上)〉, 中國ISBN中心.

편집위원회, ≪中國民間故事集成≫, 〈四川省(上)〉, 中國ISBN中心.

李纘緖, ≪望夫雲長詩集錦≫, 昆明, 雲南人民出版社, 1981.

徐嘉瑞, ≪望夫雲 - 一個美麗的古老的傳說≫, 北京, 中國青年出版社, 1957.

魯迅, ≪中國小說史略≫, ≪魯迅全集≫ 9권, 人民文學出版社, 1987年版.

杜光庭, ≪墉城集仙錄≫, ≪道藏≫ 제18책, 天津古籍出版社, 1988.

(唐) 余知古, ≪渚宮舊事≫, ≪四庫全書集≫ 史部165 雜史類.

趙櫓, 〈悲壯而崇高的詩篇 - 論'望夫雲'神話之魅力〉, ≪民族文學硏究≫, 北京, 1985년 2기.

趙櫓, 〈'望夫雲'神話辨析〉, ≪華夏地理≫, 1986 1기.

袁珂, 〈白族'望夫雲'神話闡釋〉, ≪思想戰線≫, 昆明, 1992년, 제2기.

聞一多, 〈高唐神女傳說之分析〉, ≪聞一多全集≫ 3권, 湖北人民出版社.

林涓 張偉然, 〈巫山神女: 一種文學意象的地理淵源〉, ≪文學遺産≫ 2004년 2기.

程地宇, 〈巫山神女: 巴楚民族歷史文化融合的結晶〉, ≪中央民族大學報≫ 〈哲學社會科學版〉 2004년 3기.

連鎭標, 〈巫山神女故事的起源及其演變〉, ≪世界宗敎硏究≫, 2001년 4기.

張應斌, 〈巫山神女探源〉, ≪湖北民族學院學報≫(社會科學版), 1992년 4기.

祝曉春, ≪巫山神女傳說硏究≫, 華中師範大學 碩士學位論文, 2005년 5월.

정재서 역주, ≪山海經≫, 서울, 민음사, 2001.

6. 이방인이 품은 간절한 소망
: 오페라 〈망부운〉

6-1 머리말

한 가닥 뜬구름으로 몇 해를 지났던가?	一縷浮雲幾度秋,
굳은 마음 늘 호수 물결을 주시하네.	堅心常注海中漚.
솟구치는 파도로 교룡굴을 치더니,	踉蹌浪打蛟龍窟,
곱디고운 자태로 수월루를 밝히네.	綽約神明水月樓.
천지를 휩쓸어도 천고의 한 풀기 어려워,	卷地難平千古恨,
봉우리로 돌아와 겹겹 수심에 또 갇히네.	回峰又鎖百重憂.
가련타 서방님 소식 없거늘,	可憐夫婿無消息,
부질없이 그리움에 돌 노새를 지키네.	空抱情懷護石頭.
청 조정옥 〈망부운〉	清趙廷玉〈望夫雲〉[1]

높은 창산과 드넓은 이해를 배경으로 발생하는 특이한 자연현상에 자신들의 역사적 기억과 꿈을 기탁하고 있는 백족의 신

---

1) ≪大理縣志≫ 卷三十, 藝文部. 李纘緒·楊應新 主編, ≪白族文化大觀≫ (昆明, 雲南民族出版社, 1999), 56쪽에서 재인용.

화전설 〈망부운〉은 그들의 민간문학을 대표하는 작품 중의 하나이다. 따라서 백족의 정체성을 이해하는 데 〈망부운〉은 매우 중요한 자료임은 앞 제4장에서 살펴본 바이다. 백족의 민간설화로서 〈망부운〉은 우리에게 많은 것을 생각하도록 만들었다. 이제는 다만 중국의 3대 혁명음악가로 추숭되는 한반도 출신의 정율성이 이를 제재로 하여 동명의 오페라(歌劇)를 창작하였다는 사실에 주목하기로 하자.

오페라 〈망부운〉은 당시 중국 상황에서는 보기 드문 작품으로, 중국의 가극사(歌劇史)를 기술하는 데 있어 중요할 뿐만 아니라, 그동안 '혁명음악가'라는 명칭에 가려져 잘 알려지지 않았던 정율성의 또 다른 면모(특히 그의 후반기 음악세계)를 여실히 보여주는 결정적인 자료라고 필자는 여기고 있다.[2] 사실 지금까지 우리는 중국 쪽의 잣대로 정율성을 파악하고 평가하여 왔다고 하여도 과언이 아니다.[3] 이제는 21세기 우리의 위치에

---

2) 정율성의 생애는 대체로 다섯 시기, 즉 한반도 고향에서의 소년 시기(1914-1933), 남경 일대에서의 항일운동 시기(1933-1937), 연안에서의 항일투쟁 시기(1937-1945), 북한에서의 '조국건설' 시기(1945-1950), 신(新) 중국에서의 음악활동 시기(1951-1976)로 나누어 볼 수 있는데, 〈망부운〉은 마지막 시기에 창작되었다. 일반적으로 그에 대한 평가는 제2와 제3시기에 집중되고, 가장 길고 가장 많은 작품을 남기고 있는 제5시기에 대한 평가는 상대적으로 크게 소홀하다.

3) 중국 쪽 평가 가운데 대표적인 예를 들자면, 팔보산(八寶山) 혁명공묘(革命公墓)에 있는 그의 묘지 비문은 "정율성 동지는 … 1933년 중국에 와서 선후에 걸쳐 남경·상해 일대에서 항일구국 활동에 종사하였다. 1937년 10월 연안으로 가서, 1939년 1월 중국공산당에 가입했다.

서, 혹은 어떠한 정치적 선입견도 배제한 객관적 관점에서 그를 다시 바라보아야 할 시점이다. 이런 의미에서 오페라 〈망부운〉의 심층적 함의를 분석하는 일은 시급하고 중요하다.

'해방' 이후 소수민족의 민간설화에 대한 채록과 정리가 대대적으로 진행되었기에 〈망부운〉에 관한 것도 여러 판본이 전한다. 이 중 정율성이 저본으로 삼은 것은 쉬쟈뤼(徐嘉瑞)가 1956년에 편저한 장시(長詩) 〈망부운〉이다. 1957년 중앙민족가무단(中央民族歌舞團)을 따라 운남을 방문하였던 정율성은 쉬쟈뤼의 장시를 보고 크게 공감하고서 그와 함께 오페라 창작에 착수하였다. 1959년에 극본을 완성하여 두 사람의 명의로 출판하였고, 1960년에 마침내 작곡을 마쳤다. 그리고 1962년 우여곡절 끝에 북경에서 상연되어 큰 반향을 불러 일으켰지만, '극좌'로 치닫는 사회 분위기로 인하여 머잖아 상연이 금지되었다.

오페라 〈망부운〉의 심층적인 의미를 파악하기 위해서는 그것이 탄생하는 과정을 먼저 점검할 필요가 있다. 왜냐하면 백족 설화 〈망부운〉 → 장시 〈망부운〉 → 오페라 〈망부운〉으로 정리 또는 개편되는 과정을 추적함으로써 작가의 창작 의도와 예술적 고뇌를 읽어낼 수 있을 것으로 기대하기 때문이다.

그는 자신의 일생을 중국 인민의 혁명과 건설 사업에 바친, 충성스런 국제주의 전사였다. 1976년 12월 7일 북경에서 별세했다."라 적고 있고, 1988년 중국 국가 부주석을 지낸 왕전(王震)은 "정율성은 니엘(聶耳)과 시엔싱하이(冼星海)의 뒤를 잇는, 걸출한 우수 작곡가로, 중국 무산계급 혁명음악 사업의 개척자 중 한 사람이다."라고 평한 적이 있다. 자세한 것은 제3장 제1절 참조.

6-2 설화에서 오페라로

6-2-1 민간설화 〈망부운〉

백족의 민간설화로서의 〈망부운〉에 대해서는 앞서 여러 차례 언급한 바이지만, 읽는 편의를 위하여 선행 논의를 간단히 다시 요약해보자.

백족 민간문학을 대표하는 〈망부운〉 설화는 아주 먼 옛날부터 입에서 입으로 전해져 왔지만, 문헌에 기록된 시기는 매우 늦어 명·청대에 들어서야 비로소 지방지(地方志) 등에 보이기 시작한다. ≪고금도서집성(古今圖書集成)≫에 인용된 ≪대리부지(大理府志)≫의 기록을 주요 이야기 단락별로 정리하면 다음과 같다.

① 한 가난한 사람에게 산신이 날개를 주었다.
② 궁궐에 들어가 공주를 납치하여 부부가 되었다.
③ 부족한 것이 없었지만, 공주가 너무 추워했다.
④ 고승의 신비한 가사를 훔치려 날아갔다.
⑤ 고승의 법력에 제압되어 물에 빠져 죽었다.
⑥ 공주가 남편을 기다리다 울적하여 죽고 말았다.
⑦ 공주의 정기가 구름이 되어 오르락내리락하였다.
⑧ 그 구름과 더불어 호수에 폭풍과 파도가 발생하였다.
⑨ 사람들은 왕래를 멈추고 '망부운', '무도운(無渡雲)'이라 불렀다.[4]

4) 원문은 제4장 제2절 참조.

≪고금도서집성≫은 청 강희(康熙) 45년(1706)에 초고가 완성되었지만, ≪대리부지≫의 저술 시기는 분명하지 않다. 명 만력(萬曆: 1573-1620) 연간에 이지양(李之陽)이 찬술한 ≪운남통지(雲南通志)≫에도 거의 동일한 기록이 들어있으므로[5], 현재로서는 가장 이른 자료로 보아도 무방하다. 비록 '가난한 사람'이 '고승'에게 제압당하는 과정이 간략하여, '돌 노새' 화소(話素)를 결여하고 있지만, 현재 유전되고 있는 〈망부운〉의 핵심 내용을 기본적으로 구비하고 있다. 즉 산신의 도움으로 날 수 있게 된 어느 '가난한 사람'이 공주를 납치하여 옥국봉에서 부부가 되었다가, 훗날 고승에 의해 좌절당하자, 공주가 구름이 되어 폭풍을 일으킨다는 것이다.

한편 민국(民國) 시기, 주종린(周宗麟)이 편한 ≪대리현지고(大理縣志稿)≫에는 여주인공이 공주가 아니고 궁녀로 되어 있는 이본이 수록되어 있다. 이 역시 이야기부터 간추려보자.

① 몽(蒙)씨 때, 한 요괴가 궁녀를 납치하여 부부가 되었다.
② 궁녀가 먹고 싶은 것이면 요괴가 끊임없이 대주었다.
③ 산이 높아 춥기에, 궁녀가 입을 옷을 요구하였다.
④ 요괴가 나전사에서 고승의 가사를 훔쳐 나왔다.
⑤ 고승이 눈치 채고서, 주술로 진압하였다.
⑥ 요괴는 호수에 빠져 죽으면서, 커다란 돌('돌 노새')이 되었다.

---

5) 趙櫓, 〈悲壯而崇高的詩篇 - 論'望夫雲'神話之魅力〉(≪民族文學硏究≫, 北京, 1985년 2기), 102쪽.

⑦ 궁녀가 죽고 그녀의 정기가 구름('망부운')이 되었다.
⑧ 매번 겨울 망부운이 나타나면, 호수에 폭풍과 파도가 일었다.[6]

몽씨는 남조(南詔)를 가리킨다. 때문에 이 설화의 시·공간적 배경은 ≪대리부지≫의 그것과 동일하다고 할 수 있고, 또 사건의 큰 맥락도 일치하므로 두 설화가 지칭하는 대상은 사실상 같다. 가장 큰 차이점은 남여주인공이 각각 요괴와 궁녀로 바뀌어 극적인 맛이 떨어진다는 사실이다. 반면 '요괴'가 죽어 '돌 노새'가 된다는 핵심적인 화소가 분명히 드러나고 있다. 이러한 점은 구비문학의 유동적 특성을 잘 보여주는 사례라 할 수 있다. 즉 〈망부운〉은 '죽은' 문헌기록으로서가 아니라 '살아있는' 구비문학으로서 오랜 기간 널리 민간에서 유전되었기에, 여러 이본이 탄생하고 또 그럼으로써 이야기 자체가 풍부하게 발전하였음을 시사한다.

따라서 현재 유전되고 있는 〈망부운〉의 형성 과정에 대해서 다음과 같이 추론해볼 수 있다. 위에서 인용한 두 기록을 종합하면, 〈망부운〉에는 세 가지 측면의 내용이 확인된다. ① '망부운'을 중심으로 하는 자연현상, ② 가난한 사람(요괴)과 공주(궁녀)의 사랑, ③ 법사(고승)와 요괴(산신)의 대결인데, 이 세 가지 요소는 일정한 시차를 두고 융합되었을 것으로 보인다. 좀더 구체적으로 말하자면, 창산과 이해를 둘러싸고 발생하는 특이한

6) 원문은 제4장 제2절 참조.

자연현상을 원시적 상상력으로 해석하는 이야기, 즉 '원형적 신화'가 먼저 존재하였고, 여기에 '애정과 혼인' 관련 내용이나 '종교와 신앙' 관련 내용이 첨가되면서 지금의 〈망부운〉이 형성되었다고 보는 것이다.[7]

1980년대에 채록된 다음 설화는 상기의 추론을 뒷받침해준다.

① 남조 공주가 19세가 되도록 배필을 만나지 못함.
② '요삼령(繞三靈)'에서 공주가 사냥꾼을 알게 됨.
③ 왕이 부마를 정하고 결혼을 다그침.
④ 까치가 공주의 마음을 사냥꾼에게 전함.
⑤ 공주에게 가다가 사냥꾼이 다친 노인을 도와줌.
⑥ 노인(山神)의 비법으로 사냥꾼이 날 수 있게 됨.
⑦ 공주를 구출하여 옥국봉에서 부부가 됨.
⑧ 법사가 신등(神燈)으로 두 사람의 행적을 알아냄.
⑨ 법사가 까마귀를 보내 공주의 귀환을 종용함.
⑩ 공주가 거부하자 법사가 강추위를 일으킴.
⑪ 사냥꾼이 법사의 가사를 훔치러 감.
⑫ 법사가 사냥꾼을 '돌 노새'로 만들어 물에 빠뜨림.
⑬ 구름(공주)이 나타나면, '돌 노새'가 보이도록 폭풍이 붊.
⑭ 사람들이 이 구름을 '망부운'이라 칭함.[8]

7) 앞 제4장에서 필자는 선사시기에 '자연현상'에 관한 신화가 발생하였고, 남조 초기에 '애정과 혼인' 내용이 첨가되고, 남조 후기에 '종교와 신앙' 내용이 첨가되었을 것으로 추정한 바 있다.

8) 제4장 제2절 참조.

앞서 살펴본 ≪대리부지≫의 기록을 기본적으로 계승하고 있지만, 〈망부운〉의 물질적 근거가 되고 있는 기이한 자연현상에 대한 해석을 분명히 하고 있는 점은 주목할 만한 진전이라 할 수 있다. 옥국봉 위의 구름(망부운)과 이해 물속의 너럭바위(돌노새)가 각각 공주와 사냥꾼의 화신이며, 동시에 일어나는 일련의 폭풍우와 파도 역시 그들이 빚어낸다고 명확히 설파하고 있다. 여기서 "옛날 원시인들은 천지만물이 변화무상하고, 또 여러 현상이 사람의 능력 이상에서 나오는 것을 보면, 스스로 여러 설을 만들어 그것을 해석한다. 무릇 이렇게 해석된 것을 오늘날 신화라 부른다."라는 루신(魯迅)의 말을 상기한다면, 〈망부운〉 설화의 뿌리가 특이한 자연현상을 원시적 상상력으로 해석하는 이야기, 즉 '원형적 신화'에 있음을 확인하게 된다.

그러나 현존하는 〈망부운〉은 신화라기보다는 전설에 가까워, 정작 이야기의 골간을 이루는 것은 자유연애와 혼인을 추구하는 공주와 사냥꾼, 그리고 이를 가로막는 왕과 법사 사이의 대결이다. 여기에서 '요삼령'은 자유연애와 혼인을 추구하는 백족의 유구한 민속활동이므로,[9] 공주가 왕이 정해준 부마를 거부하고 '요삼령'에서 알게 된 사냥꾼을 사랑하는 것은, 민족전통에 대한 '회상'이자 외래 관습에 대한 '저항'을 의미하게 된다. 반면 왕과 법사가 주장하는 봉건적 혼인 방식은 사회적 신분을 우선

---

9) 자세한 것은 제4장 제4절 참조. 또 張錫祿, 〈試論白族婚姻制度的演變〉(≪大理學院學報≫, 大理, 1984년 3기) 참조.

고려하여 부모가 결정하는 것으로 주로 유교적 전통에 기반을 중원에서 유래한 외래문화를 대변하게 된다.

신화가 전설화되면서 〈망부운〉에서 부각되는 또 하나의 항목은 '토착신앙과 외래종교의 갈등'이다. 백족은 원래 본주교(本主教)라 불리는 토착신앙을 숭봉하고 있었는데, 남조 시기 불교가 유입되면서 두 종교가 혼재하게 되었다. 따라서 법사가 외래종교인 불교를 대변한다면 사냥꾼을 돕는 산신(또는 조상신이나 사냥신)은 토착신앙을 대변한다. 비록 사냥꾼이 법사와의 대결에서 패하여, 두 사람의 사랑은 파국을 맞지만, 그들은 결코 포기하지 않는다. '망부운'과 '돌 노새'로 변신하여 사랑을 견지하는데, 이 때 그들의 노력은 개인적인 애정 문제 차원을 넘어서 종교적 신앙으로 이어지고 또 나아가 외래문화의 충격에 대항하여 토착문화를 지키려는 몸부림으로 확대된다. 이런 관점에서 보면 설화 〈망부운〉의 심층에는 토착문화와 외래문화의 충돌이 깊숙이 자리 잡고 있음을 알 수 있다. 따라서 앞에서 필자는 민간설화 〈망부운〉에는 외부의 충격 속에서 민족적 정체성을 지키려는 백족 대중의 집단 무의식이 서려있다고 보았던 것이다.

6-2-2 장편서사시 〈망부운〉

백족 민간 설화 〈망부운〉은 1940년대 수집 정리되기 시작하였고, '해방' 이후에는 더욱 활발해졌다. 이를 장시(長詩)로 개편한 문인만 보더라도, 공류(公劉), 쉬쟈뤄(徐嘉瑞), 루닝(魯凝), 쉬츠(徐遲), 양메이칭(楊美淸)이 있다.[10] 이 가운데 필자가 특히 주목하는 사람은 쉬자뤄이다. 어머니가 백족이고 대리 출신인 그는 누구보다도 대리 지역의 문화 연구에 앞장서 1940년대에 ≪대리고대문화사(大理古代文化史)≫를 저술하면서 〈망부운〉을 발굴하여 이 책에 수록한 바 있거니와, 이어 1956년 장편서사시로 개편·발표하였는데, 이것이 바로 정율성 오페라 〈망부운〉의 저본이 되기 때문이다. 앞서 인용한 바 있지만, 다시 주요 사건을 정리하여 보자.

① 궁에 갇힌 공주가 바깥세상을 동경함.(제1장. 南詔公主)
② 선량한 사냥꾼이 조상신으로부터 날개를 얻음.
③ 사냥꾼이 공주의 노래를 들음.(제2장. 獵人)
④ 사냥꾼과 공주가 노래를 주고받으며, 사랑을 시험함.
⑤ 중추절에 함께 떠나기로 약속함.(제3장. 五華樓)
⑥ 공주를 탈출시켜 옥국봉으로 날아감.(제4장. 南詔避暑宮)
⑦ 공주와 사냥꾼이 행복한 나날을 보냄.
⑧ 법사가 얼음과 눈으로 옥국봉을 뒤덮음.
⑨ 사냥꾼이 법사의 가사를 탈취하기 위해 떠남.(제5장. 玉局峰)
⑩ 법사가 사냥꾼을 '돌 노새'로 만들어 호수에 빠뜨림.
⑪ 공주가 돌아가기를 거부하고 죽어 구름이 됨.(제6장. 公主之死)
⑫ 공주가 폭풍우가 되어 호수를 뒤집음.
⑬ 폭풍우에 궁궐과 법사의 절이 뒤흔들림.
⑭ '돌 노새'와 '망부운'이 절규함.(제7장. 望夫雲)

---

10) 李纘緖, ≪望夫雲長詩集錦≫(昆明, 雲南人民出版社, 1981)에 수록되어 있다.

'해방' 이전 문헌기록에는 두 가지 계통이 있었다. 첫째는 ≪대리부지≫의 계통으로 남조의 '공주'가 '비인(飛人)'에게 납치되는 내용이고, 둘째는 ≪대리현지고≫의 계통으로 남조의 '궁녀'가 '요괴'에게 납치된다는 내용이다. 민간에 유전되는 것도 마찬가지여서, '공주'가 '비인(飛人)'에게 납치되는 것과 민간의 베 짜는 아가씨가 궁녀가 되자 옛 애인 사냥꾼이 날개가 생겨 구출한다는 것이 있다. 앞서 언급한 문인의 장시를 보면, 쉬츠와 양메이칭은 둘째 계통이고, 상기한 쉬쟈뤄의 장시는 공류, 루닝과 더불어 첫째 경우에 속한다.

쉬쟈뤄는 그가 장시 〈망부운〉을 쓸 때 당의 '격려'와 문련(文聯) 동지의 '도움' 아래 여러 차례 수정을 하였지만, 여전히 원래 전설의 '정신'을 잘 표현해내지 못했다고 밝힌 바 있다.[11] 그렇다면 당시 당과 문련이 그에게 표현하도록 요구하였던 〈망부운〉의 '정신'은 무엇이었을까? 그의 손자 쉬엔(徐演)의 회상에 따르면, 쉬쟈뤄는 '반역'적인 공주와 용감한 사냥꾼을 부각시키고, 이로써 반동통치와 봉건굴레를 타파하려는 인민을 묘사하고자 하였다고 한다.[12] 이상은 제4장에서 살펴본 바이다. 한편 5인

11) 徐嘉瑞, ≪望夫雲 - 一個美麗的古老的傳說≫(北京, 中國青年出版社, 1957), 〈後記〉, "在黨的鼓勵下, 在文聯同志們幫助下, 我對這首長詩曾做過多次修改, 但缺點仍多, 不能表現傳說的精神."

12) 徐演, 〈回憶祖父徐嘉瑞〉(≪雲南師範大學學報(哲學社會科學報)≫, 1979. 5기), 57-8쪽, "詩中着意刻畫了一個不畏艱難困苦, 努力追求自由幸福的'叛逆'公主, 同時刻畫了一位淳朴勇敢的獵人的形象.", "祖父說: 南詔國王的寶座和羅荃寺就是反動統治, 封建枷鎖, 我就是要寫代表人民力量的風

의 장시를 비교해 보면, ⑬의 폭풍우에 궁궐과 절이 뒤흔들리고 망가지는 장면은 쉬자뤄가 유일하다. 이는 쉬자뤄가 바로 반동 통치와 봉건굴레를 상징하기 위해 설정한 것으로 보인다. 요컨대, '공주와 사냥꾼' 대 '왕과 법사'의 이원적 대결 구조에서 〈망부운〉의 '정신'을 찾고 있는데, 이는 '계급투쟁'의 모식(模式)을 연상시키는 것으로, 원래 백족 설화가 지니고 있던 풍부한 의미를 감소시켜버렸다는 아쉬움을 준다.

특히 주목할 점은, 1980년대 이후 채록된 판본에 등장하는 '부마(駙馬)' 예정자, 즉 사냥꾼의 애정 경쟁자가 쉬자뤄의 장시에는 나오지 않는다는 사실이다. 공주를 주인공으로 하고 있는 공류와 루닝의 장시에 부마가 언급되고 있을 뿐만 아니라, 궁녀를 주인공으로 하고 있는 쉬츠와 양메이칭의 장시에서도 국왕이 궁녀의 미색을 탐하고 있는 것으로 미루어보면, 쉬자뤄는 아마도 부마의 존재를 의도적으로 삭제하였던 듯 하다. 만약 그렇다면 그 이유는 무엇인가? 〈망부운〉이 '애정과 혼인 문제'의 관점에서 읽히는 것을 최대한 막음과 동시에 '계급투쟁'의 '정신'을 부각시키고자 하는 치밀한 '고려'였던 것으로 추측된다. 또한 법사와 사냥신(조상신, 또는 산신)의 대결 양상이 매우 미약한 점도 동일한 '정신'을 부각하고자 하는 '고려'에서 비롯된 것으로 판단된다.

暴把它們通統吹倒·推翻."

6-2-3 정율성의 오페라 〈망부운〉

오페라 〈망부운〉의 판본은 크게 두 가지로, 하나는 1959년 간행된 악보가 없는 순수 극본이고, 다른 하나는 1963년 악보의 가사 형식으로 출간된 대본이다.[13] 세부적으로 약간의 차이가 있으나 기본적으로는 동일하다. 총 5막 4장으로 구성되어 있는데(전문 번역은 제3장 제2절 참조), 악보 본을 중심으로 우선 줄거리부터 간추려 보자.

① 부마 선발 경마에서 아백이 우승하지만 나전이 인정하지 않는다.
② 공주가 우승기를 하사하고, 아백은 신비의 화살을 바쳐 답례한다.
③ 부마 후보인 단창이 아백을 해치려 하자 공주가 보호한다.
④ 왕비, 나전, 단창이 모의하여 결혼을 강행하기로 한다.(제1막)
⑤ 왕비 등이 공주에게 단창과의 결혼을 다그친다.
⑥ 결혼식 전날 공주가 궁을 탈출한다.(제2막)
⑦ 횃불축제에서 공주와 아백이 만나 사랑을 확인한다.
⑧ 나전과 단창이 무력으로 공주를 궁으로 끌고 간다.
⑨ 아백이 조상신으로부터 날개를 선물로 받는다.(제3막)
⑩ 공주의 탈출을 도왔던 시녀를 처형하고 공주를 심문한다.(제4막 1장)
⑪ 아백이 날아와 공주와 함께 옥궁봉으로 도망간다.(제4막 2장)

---

13) 徐嘉瑞, 鄭律成 저, ≪望夫雲≫(天津, 百花文藝出版社, 1959). 徐嘉瑞 편극, 鄭律成 작곡, ≪望夫雲≫(北京, 中國戲劇出版社, 1963). 물론 오페라 〈망부운〉의 극본은 정율성과 쉬쟈뤼의 합작이지만 기술상의 편의를 위해 이 글에서는 정율성의 오페라로 표기한다.

⑫ 아백과 공주의 행복한 삶을 나전이 눈보라를 일으켜 파괴한다.
⑬ 아백이 나전의 가사를 훔치러 떠난다.(제5막 1장)
⑭ 나전의 법술에 걸려 아백이 호수에 빠져 죽는다.
⑮ 공주가 '망부운'이 되어 호수에 큰 파도를 일으킨다.(제5막 2장)

쉬쟈뤼의 장시 〈망부운〉과 비교하면 외형상 큰 차이가 없는 것 같지만, 쉬쟈뤼가 말하는 '정신', 즉 이야기의 메시지 측면에서 보면 본질적인 차이가 있음을 알 수 있다. 우선 가장 두드러지는 차이는 사랑의 경쟁자로 왕비(공주의 계모)의 조카인 단창(段昌)이 등장한다는 점이다. 그는 공주(19세)에 비해 나이(35세)가 걸맞지 않게 많을 뿐 아니라 경망스럽고 거친 자임에도 불구하고, 왕비는 법사 나전과 결탁하여 공주를 억지로 그와 결혼시키려 한다. 물론 여기에는 꿍꿍이가 도사리고 있었다. 공주를 시중드는 시녀는 다음과 같이 고발한다.[14]

> 저 나전은 법도 하늘도 없어요. 궁중에서 음모를 꾸몄어요. 공주님을 단창에게 시집보내자고. 장차 왕위를 찬탈하자고. 남조 강산을 강탈하자고. 나전과 단창이 왕비와 상의하는 걸, 낱낱이 제가 다 들었어요.

14) 제4막 제1장, 阿珍의 대사. "那羅荃無法無天, 在宮中施動詭計, 將公主嫁與段昌, 將來要篡奪王位, 要奪取南詔江山. 羅荃段昌和娘娘商量, 句句話我都聽見." 徐嘉瑞, 鄭律成 저, ≪望夫雲≫(天津, 百花文藝出版社, 1959), 55쪽.

이러한 음모의 일환으로 부마 선발을 위한 경마대회를 개최하는데, 뜻밖에도 준마를 탄 단창을 물리치고 사냥꾼 아백이 우승을 차지했던 것이다. 단창과 극명한 대조를 이루는, 다정다감하고 겸손한 아백에게 공주가 관심을 갖는 것은 당연한 일이다. 이렇게 해서 오페라 〈망부운〉는 장시에서 소홀히 하였던 '애정문제'를 다시 부각시키고 있다. 단창 쪽이 위선적인 '정략결혼'을 대변한다면, 아백 쪽은 민족 고유의 전통인 '자유혼인'을 대변하게 된다. 따라서 공주가 단창을 거부하거나, 심지어 궁궐을 탈출하여 아백을 직접 찾아나서는 것은 매우 자연스러운 일로 받아들여진다.

애정문제가 주로 사냥꾼 아백과 단창 사이의 갈등에서 비롯된다면, 종교문제는 사냥신과 법사의 대결로 표출된다. 본디 두조선(杜朝選)은 사냥의 신이자 조상신으로, 그는 백족 고유 신앙인 본주교(本主教)의 주요 신이다.[15] 일찍이 그는 아백의 조부에게 신궁(神弓)을 선물하였고, 아백은 또 이를 물려받았다. 때문에 아백은 사냥과 말 타기에서 탁월한 솜씨를 소유하게 된 것이다. 뿐만 아니라 그는 또 신비한 화살 세 개를 갖고 있는데, 이

15) 두조선은 원래 뛰어난 사냥꾼이었다. 당시 그곳에는 가축을 잡아먹고, 처녀를 납치해가는 커다란 뱀이 있었다. 두조선이 활로 쏘아 상처를 입힌 뒤, 뱀의 뱃속까지 들어가 칼로 베어 죽이고, 처녀들을 구출해 냈다. 그에 대한 고마움을 잊지 않은 마을 사람들은 그가 죽자 그의 초상화를 그려 사당에 모셔두고 본주(本主)로 모셨다. 이상의 이야기가 ≪中華民族故事大系≫ 5권, 479-481쪽에 〈獵神杜朝選〉이란 제목으로 실려 있다.

러한 것들은 그가 조상신(민족 고유의 신앙)으로부터 특별한 능력을 부여받았음을 의미한다. 공주와의 행복한 삶을 쟁취하고 유지하는 데 불가결한 것이 바로 이 화살이다. 첫 번째 화살은 경마대회 승리 이후 공주에게 신표(信標)로 주어서 공주가 그를 찾아오도록 만들고, 공주가 궁으로 다시 끌려갈 때 조상신 두조선에게 도움을 요청하는 도구로 사용된다. 아백이 '나는 사람(飛人)'이 될 수 있었던 것도 순전히 화살 덕분이다. 두 번째 화살은 법사의 가사를 탈취하도록 도와준다. 비록 호수 동쪽을 넘어가지 말라는 금기를 어겨 결국 중도에 좌절하지만, 어쨌든 아백이 법사와 맞설 수 있는 능력은 화살, 즉 조상신 덕분이다. 마지막 세 번째 화살은 공주를 '망부운'으로 변신시키는 역할을 한다.[16] 이처럼 민족 고유 신앙의 상징물로서 화살은 공주와 아백의 애정을 시종일관 뒷받침하지만, 법사의 주술이 상징하는 외래종교 또는 이데올로기는 이들의 행복을 철두철미 파괴하려 든다. 물론 표면적으로 그리고 현실적으로 공주와 아백은 '외세' 또는 '폭압'에 굴복 당한다. 그러나 그들의 참된 사랑은 '망부운'과 '돌노새'로 승화하여 지속된다. 때문에 창산과 이해에는 지금도 기이한 자연현상이 해마다 되풀이되고 있는 것이다.

오페라 〈망부운〉은 비록 쉬자뤼의 장시를 바탕으로 하고 있지만, '애정문제'와 '신앙문제'가 부각되고 있는 측면에서 보자면

16) 제5막 제2장, 지문. "阿馨取出神箭折斷, 投入山谷中, 立刻升起白雲, 公主在岩上漸漸化爲望夫雲." 각주, 神箭在此處起化雲作用. 徐嘉瑞 편극, 鄭律成 작곡, ≪望夫雲≫(北京, 中國戲劇出版社, 1963), 183쪽.

오히려 민간설화 〈망부운〉의 '정신'에 근접한다. 앞서 우리는 백족 설화 〈망부운〉에는 외부의 충격 속에서 민족적 정체성을 지키려는 백족 대중의 집단 무의식이 서려있다고 진단한 적이 있는데, 오페라 〈망부운〉이 강조하고 싶은 '정신'이 바로 이 점이었던 것으로 보인다. 물론 이러한 변용에는 쉬쟈뤄의 장시를 개작할 때 정율성의 인식이 크게 작용하였던 것으로 판단된다.

6-3 아련한 조국

정율성은 오래전부터 오페라 창작에 큰 관심을 가졌던 것으로 알려져 있다. 따라서 '혁명음악가'로 알려진 그가 오페라 창작에 뛰어들었다고 해서 그다지 의아할 일은 아니다. 다만 궁금한 것은 하필 소수민족인 백족의 민간설화 〈망부운〉을 제재로 채택하였느냐 하는 점이다. 물론 우연일 수도 있다. 그러나 오페라 창작 자체가 결코 만만치 않은 작업임을 감안하면 여기에는 그의 관심을 끌만한 어떤 특별한 요소가 있었음에 틀림없다.

1957년에 정율성이 쉬쟈뤄를 만난 지역은 운남인데, 운남에는 백족 이외에도 25종에 달하는 여러 민족이 함께 거주하고 있다. 또 같은 해 정율성은 귀주(貴州)를 방문하여 〈귀주! 너는 조국 민간 예술의 보고이어라.(貴州! 你是祖國民間藝術的寶庫)〉라는 글을 남겼는데, 여기에서 그는 묘(苗)족, 동(侗)족 등 여러 소수민족의 민간예술을 언급하면서 극찬을 아끼지 않고 있다.[17] 중국에서 늘 소수자로 존재할 수밖에 없었던 그가 소수민족에 관심을 갖는 것은 자연스러운 일일 터이지만, 그런데 수많은 소수민족 가운데 하필 백족을 선택한 것일까?

널리 알려진 바대로 중국의 한족은 '상홍기백(尙紅忌白)', 즉 빨강을 좋아하고 하양을 싫어하는 풍속을 갖고 있다. 이런 상황 속에 흰색을 좋아하는 민족은 두드러지기 마련이어서, 그들은 '백족'이라 불린다. 또한 그들은 비록 원(元) 쿠빌라이에게 멸망한 뒤 중원 왕조(원·명·청)에 복속되었지만, 일찍이 당(唐)과 겨루는 남조(南詔)와 송(宋)에 맞서는 대리(大理)라는 국가를 건립하고 독자적인 민족문화를 꽃피운 경험이 있었다. 남조와 대리를 백족들은 기억한다. 왜냐하면 이 두 왕조를 거치면서 백족이라는 민족의 정체성이 형성되었기 때문이다. 이 점은 한민족이라는 인식이 통일신라를 거쳐 고려 시대에 형성되었던, '백의민족'이라 자칭하는 우리와 매우 닮은 모습이다. 정율성이 백족에 대하여 친근감을 느꼈다면 아마도 이 때문이었을 것이다. 이러한 느낌이 결코 우리 쪽의 일방적인 것이 아니다. 흥미롭게도 중국 쪽에서도 두 민족의 유사성을 지적하는 학자가 있는데, 그는 신라의 신화에 나오는 '백마(白馬)', '백계(白鷄)'와 백족 신화의 '금마벽계(金馬碧鷄)'를 비교하여 두 가지가 동일하다고 입증하고 있다.18)

사실 친근감을 불러일으키는 유사성은 〈망부운〉 설화 자체에

---

17) 丁雪松 등, ≪作曲家鄭律成≫(沈陽, 遼寧人民出版社, 1983), 300-304쪽.

18) 苑利, 〈'白馬', '白鷄'現瑞與'金馬碧鷄'之迷 - 韓半島新羅神話與中國白族神話現瑞母題的比較研究〉(≪民族文學研究≫, 1996. 4)

서도 어렵지 않게 확인된다. 맨 먼저 지적할 점은 사냥꾼이 조상신으로 받은 '날개'이다. 실크로드 주변의 고대 민족이 등장하는 벽화에서 동이족은 어김없이 '깃털 모자'로 표상되거니와, 원래 '새'는 동이족의 주요 토템이었다. 더욱 흥미로운 것은 ≪삼국사기≫ 〈고구려본기〉 '유리왕' 조에 나오는 다음 기록이다.

> 24년 가을 9월에 왕이 기산의 들에서 사냥을 하다가 한 기이한 인물을 만났는데, 그의 양 겨드랑이에는 깃(羽)이 달려 있었다. 조정에 등용하여 우(羽)씨라는 성을 하사하고, 공주를 아내로 주었다.[19)]

'기인한 인물'은 유리왕이 사냥을 하다가 만났으므로 그 역시 사냥꾼일 가능성이 크다. 물론 〈망부운〉과 동일한 이야기라고 단정할 수는 없지만, '날개를 가진 사냥꾼'과 '공주와의 결혼' 등 〈망부운〉의 핵심적인 화소(話素)가 우연치고는 너무나 흡사하다. 물론 정율성이 이러한 기록을 인지하고 있었는지 여부는 알 수 없지만 말이다.

또한 공주가 신분이 낮은 평민에게 시집간다는 〈망부운〉의 줄거리 골간은, 백족의 민간설화 〈녹각장 마을〉에서도 찾아볼 수 있다. 기실 〈망부운〉에서 공주가 궁궐을 빠져 나갈 때 〈녹각장 마을〉을 떠올리며 용기를 냈었다. 그런데 〈녹각장 마을〉에

19) ≪三國史記≫ 〈高句麗本紀〉 '琉璃王', "二十四年, 秋九月, 王田于箕山之野, 得異人, 兩腋有羽, 登之朝, 賜姓羽氏, 俾尚王女."

서 공주가 내놓는 금붙이를 보고 나무꾼이 자신이 나무하는 곳에 황금이 얼마든지 있다고 했던 장면은 선화 공주가 내미는 금붙이를 보고 서동이 마를 캐는 곳에 황금이 널려 있다고 하는 대목과 일치한다. 이는 앞서 제2장에서 지적한 바이다.

또한 〈망부운〉과 〈녹각장 마을〉의 이야기 핵심은 '평강공주와 바보 온달'을 곧장 떠올리게 한다. ≪삼국사기≫ 〈열전〉 '온달' 조에 자세한 기록이 보이는데,[20] 장편이기 때문에 주요 내용

---

20) ≪三國史記≫ 卷45, 列傳5, "溫達, 高句麗平岡王時人也. 容貌龍鐘可笑, 中心則睟然. 家甚貧, 常乞食以養母, 破衫弊履, 往來於市井間, 時人目之爲愚溫達. 平岡王少女兒好啼, 王戲曰: "汝常啼聒我耳, 長必不得爲士大夫妻, 當歸之愚溫達." 王每言之. 及女年二八, 欲下嫁於上部高氏, 公主對曰: "大王常語, 汝必爲溫達之婦, 今何故改前言乎? 匹夫猶不欲食言, 況至尊乎. 故曰: '王者無戲言' 今大王之命, 謬矣, 妾不敢祗承." 王怒曰: "汝不從我教, 則固不得爲吾女也, 安用同居? 宜從汝所適矣." 於是, 公主以寶釧數十枚繫肘後, 出宮獨行. 路遇一人, 問溫達之家, 乃行至其家, 見盲老母, 近前拜, 問其子所在. 老母對曰: "吾子貧且陋, 非貴人之所可近. 今聞子之臭, 芬馥異常, 接子之手, 柔滑如綿, 必天下之貴人也. 因誰之侜, 以至於此乎? 惟我息, 不忍饑, 取榆皮於山林, 久而未還." 公主出行, 至山下, 見溫達負榆皮而來. 公主與之言懷, 溫達悖然曰: "此非幼女子所宜行, 必非人也, 狐鬼也, 勿迫我也!" 遂行不顧. 公主獨歸, 宿柴門下, 明朝, 更入, 與母子備言之. 溫達依違未決, 其母曰: "吾息至陋, 不足爲貴人匹, 吾家至窶, 固不宜貴人居." 公主對曰: "古人言: '一斗粟猶可舂, 一尺布猶可縫', 則苟爲同心, 何必富貴然後, 可共乎?" 乃賣金釧, 買得田宅·奴婢·牛馬·器物, 資用完具. 初, 買馬, 公主語溫達曰: "愼勿買市人馬, 須擇國馬病瘦而見放者, 而後換之." 溫達如其言. 公主養飼甚勤, 馬日肥且壯. 高句麗常以春三月三日, 會獵樂浪之丘, 以所獲猪鹿, 祭天及山川神. 至其日, 王出獵, 群臣及五部兵士皆從. 於是, 溫達以所養之馬隨行, 其馳騁, 常在前, 所獲亦多, 他無若者. 王召來, 問姓名, 驚且異之. 時, 後周武帝出師伐遼東, 王領軍逆戰於拜山之野. 溫達爲先鋒, 疾鬪斬數十餘級, 諸軍乘勝奮

을 요약 정리하면 다음과 같다.

온달은 고구려 평강왕 때의 사람으로, 얼굴은 볼품없이 생겼지만 마음씨가 밝았다. 매우 가난해서 늘 밥을 빌어다 어머니를 모셨다. 누추한 차림으로 저자거리를 다니니, 사람들이 그를 '바보 온달'이라 여겼다.

평강왕의 어린 딸이 울보인시라, 왕은 "바보 온달에게나 시집보내야 하겠다."고 놀렸다. 공주의 나이가 16세가 되자 왕은 상부(上部)의 고씨(高氏)에게 시집보내려 했다. 그러자 공주는 약속을 지켜야 한다며 궁중을 나와 온달을 찾아가 설득 끝에 부부가 되었다.

공주는 소지하고 있던 패물을 팔아 살림을 마련하고 말을 사서 잘 키웠다. 고구려에서는 해마다 3월 3일이면 모여 사냥을 하고, 그 날 잡은 산짐승으로 천지에 제사를 지냈다. 온달도 참가하였는데, 말 타는 솜씨가 뛰어난데다가 잡은 짐승도 많았다. 왕이 불러 이름을 묻고는 놀라고 기이하게 여겼다.

후주(後周)가 요동을 침략하자, 온달은 선봉장으로 큰 공을 세웠다. 왕이 기뻐하여 사위로 인정하고 대형(大兄)의 작위를 하사하였다. 그 뒤 영양왕이 즉위하자, 신라에게 빼앗긴 땅을 되찾으

擊大克. 及論功, 無不以溫達爲第一. 王嘉歎之曰: "是吾女壻也." 備禮迎之, 賜爵爲大兄. 由此, 寵榮尤渥, 威權日盛. 及嬰陽王卽位, 溫達奏曰: "惟新羅, 割我漢北之地, 爲郡縣, 百姓痛恨, 未嘗忘父母之國. 願大王不以愚不肖, 授之以兵, 一往必還吾地." 王許焉. 臨行誓曰: "鷄立峴·竹嶺已西, 不歸於我, 則不返也." 遂行, 與羅軍戰於阿旦城之下, 爲流矢所中, 踣而死. 欲葬, 柩不肯動, 公主來撫棺曰: "死生決矣, 於乎, 歸矣." 遂擧而窆. 大王聞之悲慟."

려고 전쟁에 나갔다. 하지만 온달은 신라 군사들과 싸우다가 화살에 맞아 죽었다. 장사를 지내려는데 관이 움직이지 않자, 공주가 와서 위로하니 비로소 관이 움직였다.

정사(正史)와 설화는 성격 자체가 같지 않기 때문에 기술하는 초점이 다를 수밖에 없지만, 공주가 주동적으로 평민 배필을 찾아 나서서 결혼을 쟁취하고, 훗날 먼저 죽은 남편을 위무한다는 큰 틀이 놀라울 정도로 비슷하다. 뿐만 아니라 단창은 상부 고씨와 대응하고, 사냥꾼과 온달이 말 타기로 능력을 인정받는 점도 흡사하다. 이 점은 쉬자뤼의 장시에는 보이지 않는 반면, 오페라 〈망부운〉에서 특히 강조하는 점이어서, 두 사람이 극본을 합작할 때 '평강공주와 바보온달' 설화로부터 일정한 영향을 받았을 가능성을 짐작하게 한다. 다만 양자에 결정적인 차이가 있다면, 평강공주와 온달의 경우와 달리, 사냥꾼과 공주의 사랑은 끝내 반대세력에 의해 좌절당해서 두 사람 모두가 죽고 만다는 점이다.

백족과 그들의 대표적인 신화전설인 〈망부운〉에 대해 정율성이 친근감을 느꼈다면, 이를 통해 그가 표출하고 싶었던 메시지는 무엇이었을까? 중국에 있는 정율성의 묘지 비문은 그를 "자신의 일생을 중국 인민의 혁명과 건설 사업에 바친, 충성스런 국제주의 전사였다."라고 적고 있다. 정말 그는 '충성스런 국제주의 전사'였고, 그 뇌리에는 고향과 조국은 없었던 것인가? 결코 그렇지가 않다. 그가 중국으로 건너가 항일투쟁에 가담하였던 것은 당연히 조국 해방을 위한 것이었다. 1964년 91세의 나이로 노모가 타국에서 돌아가시자 조국이 통일되면 꼭 고향으로 모셔가 안장하겠노라 거듭거듭 다짐하였다는 데서 알 수 있듯이, 그는 조국과 고향을 잊은 적이 없었다. 다만 아련한 존재였을 뿐이다. 앞서 지적하였듯이, 오페라 〈망부운〉은 그가 '조국' 건설의 부푼 꿈을 안고 북한으로 건너갔다가, 동족상잔의 비극만을 목격한 채로 중국으로 돌아온 뒤에 창작한 것이다. 때문에 오페라 〈망부운〉에는 조국에 대한 그의 생각이 자연스럽게 스며들었을 것으로 보인다.

이러한 전제 아래 오페라 〈망부운〉을 보면 분단된 한반도의 모습과 완전히 닮은꼴임을 쉽게 알 수 있다. 고유의 신앙과 전통적인 애정관에 힘입어 쟁취한 공주와 사냥꾼의 행복한 삶은 법사의 주술과 단창 일당의 정략결혼의 음모에 의해 망가지고 만다. 추상화하자면 이념과 외세에 의해 전통적 삶이 붕괴된 것인데, 이는 우리의 의지와 전혀 무관하게 분단되어 버린 한반도와 한민족의 모습이기도 한 것이다. 또한 좀 더 거슬러 올라가면 일본 제국주의에 나라를 빼앗긴 '조선'의 모습이기도 한 것이다. 아무튼 그러나 공주가 '망부운'으로 변신하여 재회를 갈구하듯이, 겨우 되찾았지만 다시 분단되어버리고 만 조국도 재결합을 결코 포기해서는 안 되는 것이다. 이런 의미에서 오페라 〈망부운〉은 분단 조국에 바치는 비가(悲歌)이자, 미래의 재결합을 기원하는 희망가라고 할 수 있다.

한때 당나라와 송나라에 당당히 맞섰던 남조와 대리의 후손!

그 화려했던 왕조의 모습에 비한다면, 거대 중국의 한갓 '소수' 민족으로 살아가는 백족의 지금 모습은 너무나 초라하다. 200만도 채 안 되는 인구가, 대리백족자치주라는 좁은 공간에 집중되어 살고 있는데, 그 자치주 안에서조차도 한족보다 수가 적은 '소수'일 뿐이다. 〈망부운〉은 이러한 소수민족의 애잔한 자화상이다. 반면 한반도는 어떠한가? 최소한 정율성의 눈에 비쳤던 당시 한반도의 모습 역시 애잔하기는 마찬가지였으리라. 대대로 문화적 우월감을 갖고 보아오던 섬나라 일본의 식민지로 전락했었고, 겨우 '해방'을 맞나 했더니 '동족상잔'의 비극을 연출하고 있는 조국 한반도! 여전히 아련한 조국을 보며 노심초사했을 정율성에게 백족의 화려한 과거와 애잔한 현재는 '타산지석'으로 보였으리라.

6-4 예술적 반역

오페라 〈망부운〉은 당시 중국의 상황에 비추어보면 매우 이례적인 작품이다. 심지어 예술로써 시대에 저항하는 '반역'적인 작품이라 불러도 좋을 것이다. 왜냐하면 당시 중국의 가극 무대는 이른바 '신가극(新歌劇)'이 절대적 위치를 점하고 있었는데, 오페라 〈망부운〉은 마치 의도한 것처럼 그것과 거의 정반대의 지향을 보여주기 때문이다. 용감한 소수자의 목소리를 내고 있는 것이다.

간단히 말하자면, 신가극이란 서양에서 유래한 가극, 즉 오페라가 중국에서 토착화한 것이라고 할 수 있는데, 일반적으로 연안(延安)에서의 앙가극(秧歌劇) 운동을 기반으로 하여 탄생한 〈백모녀(白毛女)〉를 출발로 삼는다.[21] 1950년대 말부터 60년대 초에는 〈백모녀〉의 전통을 계승하면서 신가극의 대표작으로 꼽히는 일련의 작품들(예컨대, 〈홍하(紅霞)〉 〈홍호적위대(洪湖赤衛隊)〉 〈유삼저(劉三姐)〉 〈강저(江姐)〉)이 분출하여 신가극의 전성기를 맞는다. 이들 작품은 정통 오페라와 매우 달라, 이른바 '중국적'인 특색을 뚜렷하게 보여준다.

신가극의 유행은 당시 중국의 정치적 시대적 상황 논리가 강하게 작용한 결과로써, 그것의 정체성에 대해서 줄곧 논란이 있었다. 1957년 2월과 1960년 11월 개최된 두 차례의 신가극 토론회가 대표적인 예라 할 수 있는데, 여기에서 대체로 다음과 같은 결론을 내린 바 있다.[22]

> 그것(신가극: 필자)은 우리나라(중국: 필자)의 연극 전통을 계승하고 발양하는 기초 위에, 서양의 오페라와 화극(話劇)의 경험을 흡수하고 차용하여 발전시킨, 가(歌)와 무(舞)가 있고 창(唱)과 백(白)이 있는, 고도의 종합성을 구비한 연극 표현 형식이다. 그것은 연극의 일종이므로, 극예술과 부합하여 갈등·인물·사건 등의 규율이 있어야 하지만, 표현 형식상으로는 시(詩)·가(歌)·무(舞)의

---

21) 양회석, 〈중국 신가극의 형성과 특징〉(≪중국문학≫, 27집. 1997.10) 참조.

22) 高文升, ≪中國當代戲劇文學史≫(廣西人民出版社, 南寧, 1990), 〈關於新歌劇的論爭〉, 327-329쪽.

결합이되 가(歌)를 주요 특색으로 삼는다.

'우리나라의 연극 전통'은 중국의 전통 연극 양식인 '희곡(戲曲)'을 가리킨다. 신가극이 기반으로 하는 것은 '희곡'이고, 서양의 오페라는 화극(話劇: 대화를 위주로 하는 서양식 연극)과 더불어 보완적 참조 사항에 지나지 않는다는 지적이다. 이를 따르자면 신가극은 '희곡'과의 경계가 모호하게 된다. 실제로 일부 신가극은 전통 타악기(鑼鼓) 반주를 보태면 아예 '희곡'과 구별이 없게 되고, 역으로 일부 양판희(様板戲)[23]는 타악기(鑼鼓) 반주를 제거하면 신가극과 전혀 분별할 수 없다고 지적된다.[24] 또한 '희곡'을 기반으로 하기 때문에 신가극은 노래(唱) 못지않게 대사(白)를 중시하는 경향을 보인다. 한마디로 신가극은 이태리 태생의 정통 오페라와 사뭇 달라, 이념화된 중국식 오페라라고 할 수 있다.

이러한 신가극의 형식적 특징은 모택동(毛澤東)의 인식과 밀접한 관계가 있다. 1956년 8월 모택동은 음악가들의 대표를 접견하는 자리에서 다음과 같은 주장을 제기하였다.

> 중국의 것을 중시하여야 한다. 중국의 것을 연구하고 발전시키

23) 문화대혁명 기간 동안에 공연이 허락된 '모범'적인 공연 작품들. 처음에는 8편이었으나 후에 십여 편으로 확충되었다. 대부분 京劇이라는 형식에 혁명투쟁이라는 내용을 담고 있다.

24) 王新民, ≪中國當代戲劇史綱≫(社會科學文獻出版社, 北京, 1997), 133쪽.

> 려 노력하여야 한다. 중국 자신의 독특한 민족형식과 민족풍격을 창조하는 것을 노력할 목표로 삼아야 한다.[25)]

당시 중국은 소련과 관계가 악화되어 자립책을 도모할 수밖에 없었고, 이런 맥락에서 '민족형식'과 '민족풍격'을 강조하였다. 따라서 이 담화는 순수 문예적 관점에서 제기된 것이 아니라, 처음부터 다분히 정치적 의도를 내포하고 있는 것이라 할 수 있다. 즉 대중을 상대로 정책을 선전하거나 교육하는 데 가장 적절한 '형식'과 '풍격'을 중시하라는 말로 이해된다. 이를 각각 '민족형식'과 '민족풍격'이라 지칭하였다. 신가극에게 중국 전통연극(戱曲)의 전통을 계승하고 발양하라고 요구하였던 것도 이러한 맥락에서 이해되어야 한다.

그렇다면 '민족형식'과 '민족풍격'을 통하여 선전하고 교육하고 하였던 것은 무엇인가? 그것은 바로 '혁명'과 '계급투쟁'인데, 이 역시 모택동이 초지일관하였던 주장이다. 실제로 이 시기 신가극은 절대 다수가 냉혹한 혁명투쟁을 묘사한 '영웅극'이다.[26)] 이렇게 보면 신가극은 형식에서 내용에 이르기까지 모택동으로 대표되는 '극좌'적인 입장을 반영하고 있음을 알 수 있다. 한 마

---

25) 〈同音樂工作者的談話〉, "要重視中國東西, 要努力硏究和發展中國的東西, 要以創造中國自己的有獨特的民族形式和民族風格的東西爲努力的目標." 王新民, 앞의 책, 16쪽 참조.

26) 王新民, 앞의 책, 133-134쪽. "高潮期新歌劇的一大特點是革命性·鬪爭性的增强. 〈小二黑結婚〉和〈王貴與李香香〉式的愛情劇在這個時期幾乎看不到了, 除〈阿詩瑪〉外, 絶大部分歌劇都是描寫嚴酷的革命鬪爭的'英雄劇.'"

디로 경직된 형식에 사나운 내용의 선전극일 뿐이다.

그런데 정율성의 오페라 〈망부운〉은 마치 의도적으로 다른 길을 걷고자 하는 듯이 신가극과 너무나 다른 양상을 보여준다. 일반적으로 오페라의 음악은 노래와 관현악으로 이루어지고, 노래는 다시 극중 주요 인물들의 내면 심리를 표현하는 독창곡인 아리아(aria: 詠嘆調), 극의 진행에 사용되는 대화체의 노래인 레시타티브(recitative: 宣敍調), 2인 이상의 등장인물이 일정한 화음 또는 형식 안에서 노래하는 중창 즉 앙상블(ensemble), 군중의 역할을 하는 합창 등으로 나뉘며, 관현악은 노래를 반주하는 역할을 하고 또 그 이외에 단독으로 연주되어 특정한 분위기를 조성하기도 한다.[27)]

오페라 〈망부운〉에서 우선 눈에 띄는 것은 극중 인물의 대화를 대부분 레시타티브로 처리하여 순수한 대사가 매우 적다는 점이다. 또한 오페라 〈망부운〉은 오페라 음악의 보편적 규범을 충실히 따르면서, 다양한 창법과 관현악 기능을 충분히 활용하고 있다. 그야말로 '정통 오페라'의 '진면목'을 최대한 '준수'하고 있는 것이다. 내용적인 면에서도 오페라 〈망부운〉은 신가극과 전혀 다른 모습을 보여준다. 신가극은 대부분 '무산계급 영웅'이 펼치는 '혁명'과 '투쟁'을 묘사하는 반면, 오페라 〈망부운〉은 '공주'의 '애정'이 이야기의 핵심을 차지하고 있다. 또한 신가극이

---

27) 이상 오페라에 관한 내용은 김선옥·양진옥 엮음, ≪오페라를 만나러 가자1≫(서울, 풀빛, 1997), 11-40쪽과 사전편찬위원회, ≪音樂用語辭典≫(서울, 세광음악출판사, 1996), 526-530쪽을 참조한 것임.

혁명 이데올로기를 부르짖고 있다면, 〈망부운〉은 소수민족인 백족의 고유한 신앙을 외치고 있다.

정율성이 오페라 〈망부운〉을 창작하고 공연하였던 시점은, 반우파투쟁(1957년), 대약진운동(1958-1960년), 모택동의 '계급투쟁' 주창(1962년) 등으로 중국 사회가 극좌로 기울면서 크게 경직되어 가던 시기였다. 앞서 말한 중국 오페라인 신가극의 특징은 대체로 이러한 사회 상황을 순순히 추수한 결과라 할 수 있다. 반면 정율성의 오페라 〈망부운〉은 전혀 다른 방향을 선택하였던 것인데, 그 이유는 무엇일까? 혹 이 시기 정율성은 예술의 순수성과 인류의 보편적 가치를 주장함으로써 경직된 이데올로기의 굴레를 벗어나려 하였던 것은 아닐까? 좌우 이념 대결로 인한 동족상잔의 비극(한국전쟁)을 온몸으로 겪고 돌아온 뒤, '혁명'과 '투쟁'에 대한 인식이 달라진 것은 아닐까? 어쨌든 광풍처럼 몰아치는 시류에 맞서 당당하게 자신의 예술세계를 펼쳐내고 있는 점만으로도 그의 〈망부운〉은 높이 평가되어야 한다. 정치만 있고 예술이 말살되어 버린 시기, 이념만 넘쳐나고 인간이 소외되어 버린 시기, 오페라 〈망부운〉은 '순정'한 예술형식으로 '애정'과 '신앙'을 노래하고 있기 때문이다. 이런 의미에서 오페라 〈망부운〉은 예술과 인류의 본연(本然)을 위한 찬가(讚歌)라 할 수 있겠다. 그렇기에 그가 노래한 이상은 아름다운 것이고, 또 그 이상을 실천하기 위한 예술적 '반역'은 감동적인 것이었다.

6-5 맺음말

이 글은 오페라 〈망부운〉이 중국 가극사(歌劇史)에서 중요한 위치를 차지할 뿐만 아니라, 정율성의 음악 생애를 이해하는 데도 결정적인 자료일 것이라는 전제 아래, 그것의 선행 작품을 검토하고 나아가 그것의 내적 의미를 탐색하였다. 오페라 〈망부운〉은 비록 쉬쟈뤼의 장시를 바탕으로 하고 있지만, '애정'과 '신앙' 문제를 부각한다는 점에서 오히려 민간설화 〈망부운〉의 '정신'에 근접한데, 그것의 심층함의는 다음과 같이 요약된다.

첫째, 오페라 〈망부운〉에는 당시 한반도의 상황이 투영되어 있고 아울러 미래에 대한 기원이 담겨져 있기 때문에, 분단 조국에 바치는 비가(悲歌)이자 희망가라고 할 수 있다. 둘째, '중국화'된 형식으로 냉혹한 '혁명투쟁'을 구가하는 '신가극'과 달리 오페라 〈망부운〉은 '순정'한 예술형식으로 '애정'과 '신앙'을 노래하고 있기 때문에, 예술과 인류 본연을 위한 찬가(讚歌)라 할 수 있다.

일반적으로 정율성을 두고 '항일음악전사' '혁명음악가' '군가작곡가'라고 말하지만, 이러한 명칭은 그의 일부분에 지나지 않는다. 사실 예술적 측면에서 그에게 중요한 시기는 한국전쟁이 발발하자 북한에서 중국으로 돌아온 뒤, 1976년에 세상을 등지기까지의 25년 동안이다. 그의 음악 인생 40년의 반을 훌쩍 넘는 이 시기에, 그의 작품은 부단한 예술적 탐색의 결과 완숙한 면모를 보여줄 뿐만 아니라, 양적인 면에서도 200여 편으로 전체 작품의 3/4에 달한다. 또한 정치와 이념에 얽매이지 않고, '민가' '동요' '서정 가곡' '오페라' 등 음악적 다양성을 유감없이 보여준다. 이 중에서도 특히 주목을 요하는 작품은 당연히 오페라 〈망부운〉이다. 〈망부운〉을 통하여 정율성은 이렇게 외치고 있는지도 모른다.

"남북으로 갈라진 조국이여, 우리는 하나라는 사실을 부디 잊지 말기를!"

"혁명투쟁만을 노래하는 중국이여, 세상에서 소중한 것이 무엇인지 제발 잊지 말기를!"

이제는 정율성을 보다 큰 맥락에서 깊숙이 들여다보아야 할 때이다. 그래야만 인류의 공동선(共同善)을 시종일관 추구하였던 '의인(義人)'으로, 음악의 예술세계를 부단히 탐색하였던 '예인(藝人)'으로서의 그의 진면목이 드러나기 때문이다. 또한 한반도와 동아시아의 아픈 과거를 치유하고, 밝은 미래를 설계할 수 있는 힘을 그의 예술에서 찾을 수 있기 때문이다.

참고문헌

(淸) 陳夢雷 편, ≪古今圖書集成≫, 鼎文書局 영인본.

편집위원회, ≪中國民間故事集成≫, 〈雲南省(上)〉, 中國ISBN中心.

편집위원회, ≪中華民族故事大系≫, 上海, 上海文藝出版社, 1995.

徐嘉瑞, 鄭律成 저, ≪望夫雲≫, 天津, 百花文藝出版社, 1959.

徐嘉瑞 편극, 鄭律成 작곡, ≪望夫雲≫, 北京, 中國戲劇出版社, 1963.

李纘緒·楊應新 主編, ≪白族文化大觀≫, 昆明, 雲南民族出版社, 1999.

魯迅, ≪中國小說史略≫, ≪魯迅全集≫ 9권, 人民文學出版社, 1987年版.

李纘緒, ≪望夫雲長詩集錦≫, 昆明, 雲南人民出版社, 1981.

徐嘉瑞, ≪望夫雲 - 一個美麗的古老的傳說≫, 北京, 中國青年出版社, 1957.

王新民, ≪中國當代戲劇史綱≫, 北京, 社會科學文獻出版社, 1997.

高文升 주편, ≪中國當代戲劇文學史≫, 南寧, 廣西人民出版社, 1990.

丁雪松 등, ≪作曲家鄭律成≫, 沈陽, 遼寧人民出版社, 1983.

김선옥·양진옥 엮음, ≪오페라를 만나러 가자1≫, 서울, 풀빛, 1997.

사전편찬위원회, ≪音樂用語辭典≫, 서울, 세광음악출판사, 1996.

苑利, 〈‘白馬’, ‘白鷄’現瑞與‘金馬碧鷄’之迷 - 韓半島新羅神話與中國白族神話現瑞母題的比較研究〉, ≪民族文學研究≫, 1996. 4.

張錫祿, 〈試論白族婚姻制度的演變〉, ≪大理學院學報≫, 1984년 3기.

趙櫓, 〈悲壯而崇高的詩篇 - 論‘望夫雲’神話之魅力〉, ≪民族文學研究≫, 1985. 2기.

徐演, 〈回憶祖父徐嘉瑞〉, ≪雲南師範大學學報(哲學社會科學報)≫, 1979. 5기.

양회석, 〈중국 신가극의 형성과 특징〉, ≪중국문학≫ 27집, 1997. 10.

7. 〈망부운〉에 거는 기대

〈망부운〉은 마치 하나의 거대한 성운(星雲)처럼 많은 것을 품고 있어서 우리에게 많은 것을 생각하도록 만든다. 대리석으로 유명한 대리에 겨울이 오면 높은 산과 넓은 호수가 '망부운'이라는 독특한 자연현상을 빚어낸다. 여기에 백족의 대중들은 '소수' 민족으로서의 애잔한 자신들의 역사적 기억과 소망을 오랜 세월에 걸쳐 기탁하여 왔고, 그 결과 아름다운 설화 〈망부운〉을 탄생시켰다. 또 이 설화를 제재로 하여, 한반도 출신으로 중국에서 활동한 항일음악가 정율성 선생이 오페라 〈망부운〉을 창작하였다. 백의민족 출신의 중국 혁명음악가가 소수민족인 백족의 오래 묵은 이야기를 오페라로 만든 것이다.

따라서 〈망부운〉은 시공간적으로 넓은 의미망을 품고 있다. 그렇기에 그것은 현대를 살고 있는 우리들에게도 많은 것을 생각하도록 만드는 것이다. 그리고 이제 광주시립오페라단에서 이를 첫 번째 브랜드공연 작품으로 무대에 올린다 하니 당연히 기대가 클 수밖에 없다.

백족의 현재 상황은 초라할 정도로 '작고' '적다.' 하지만 그들은 중원의 왕조와 당당히 겨루는 왕국인 남조와 대리를 수립한 주인공들이었다. 백족이라는 민족의식도 바로 이 두 왕국을 거치면서 형성되었는데, 이는 통일신라와 고려를 거치면서 한민족이 형성되어 온 것과 유사하다. 찬란한 왕국은 이제 역사의 무대에서 사라져버렸지만, 그들은 여전히 자신들의 역사를 기억하고, 자신들의 정체성을 지키려 노력하고 있다. 두루 통용되는 고유문자를 보유하지 못했기 때문에, 그들은 이러한 기억들을 주로 민간설화로 담아내고 있다. 〈망부운〉이 그 대표적인 예이다. 아시아 대륙의 동북쪽에 거주하는 한민족과 서남쪽에 사는 백족은 지리적으로 정반대에 있으나, 중국이라는 거대 국가와 맞대고 살아야 하는 '작은' 땅과 '적은' 인구라는 점에서 많이 닮았다. 그래서일까? 〈망부운〉은 결코 우리와 무관한 이야기가 아닌 듯하다. 흡사 백의민족과 백족이라는 명칭처럼 말이다.

정율성은 일제 강점기의 한반도에서 태어나, 조국의 광복을 위해 중국에서 젊음을 바쳤다. 마침내 일본의 패망, 그리고 조국의 해방! 그러나 그는 끝내 고향이 있는 남한으로 돌아올 수 없었다. 유일한 선택지는 북한뿐, 그래도 정율성은 그곳에서 다시 일어서는 민족의 희망찬 미래를 갈망하였으리라. 현실은 그를 철저히 외면했다. '이념'이 군림하는 그곳에서 그가 보았던 것은 민족상잔의 비극이었다. 중국으로의 회귀, 그리고 중국 국적의 취득, 그 때 그의 심정은 어떠했을까? 그는 온전하게 중국인이 될 수 있었을까? 게다가 당시 중국 사회는 점점 '극좌'적인 '이념'으로 굳어져 가고 있었다. 조국은 아련하고 현실은 암울했던 것이다. 이러한 상황에서 정율성은 소수민족 백족의 민간설화인 〈망부운〉을 주목하였다. 그리고 이를 제재로 하여 정통 서구식 오페라를 창작했다. 그 때 그는 무엇을 꿈꾸고 있었을까?

백족의 민간설화 〈망부운〉은 신화와 전설 그리고 민담의 세 요소를 다 내포하고 있는데, 이는 그것이 오랜 세월에 걸쳐 형성되어 왔음을 의미한다. 표면적으로 볼 때, 〈망부운〉은 백족의 삶의 터전인 대리에 나타나는 특이한 '자연현상'을 '애정과 혼인' 그리고 '종교적 갈등'의 관점에서 설명하고 있는 신화전설이다. 심층적으로 들여다보면, '원시사유'와 '원시적 혼인관념과 이상' 그리고 '민간신앙' 등을 내포하고 있는데, 이것들은 한마디로 백족 고유의 토착문화를 대변한다. 따라서 〈망부운〉의 심층구조는 '토착'과 '외래'의 충돌로 분석되어지고, 이른바 '주변'과 '소수'로서 '중심'과 '다수'에 맞서 자신들의 정체성을 견지하고자 하는 소망을 담고 있다고 파악된다. 우리는 이를 소수민족의 애잔한 기억 또는 자화상이라 부를 수 있을 것 같다. 〈망부운〉이 그 역사적 배경을 '남조'로 설정한 이유가 여기에 있으리라. 그 옛날 대당(大唐) 제국과 어깨를 겨루던 그 왕국 말이다. 이러한 〈망부운〉을 접하며 정율성도 아마도 '동병상련(同病相憐)'하였으리라.

백족의 민간설화 〈망부운〉은 중국의 소수민족정책과 맞물려 활발히 채록하고 정리되었기에 여러 가지 판본이 전한다. 이들 판본들은 소수민족에 대한 정부 당국의 '은밀한' 정책을 시기별로 잘 반영하고 있다. 뿐만 아니라 이에 대한 학술 연구 역시 마찬가지이다. 〈망부운〉은 백족 고유의 설화가 아니라, 〈무산신녀〉라는 중원 지역 신화의 파생물에 지나지 않는다는 최근의 주장이 대표적인 예이다. 물론 이러한 주장은 터무니없는 것이다. 유관 문헌기록과 구전자료를 분석하면 두 설화가 전혀 다르기 때문이다. 이 역시 '중화주의'적 또는 '문화패권주의'적 사고방식이 현재 진행형임을 잘 보여주는 사례라 하겠다. '대국굴기(大國崛起)'와 '일대일로(一帶一路)'를 외치는 최근 중국의 행보를 새삼 되돌아보게 만든다.

정율성은 쉬자뤄가 장편 서사시로 정리한 〈망부운〉을 바탕으로 오페라를 창작하였다. 여러 판본 중에 쉬자뤄의 〈망부운〉은 민간설화의 면모를 비교적 강하게 견지하고 있다. 그럼에도 불구하고 쉬자뤄의 원작은 '계급투쟁'을 작품의 주요 '정신'으로 삼고 있는 반면, 오페라 〈망부운〉은 '애정'과 '신앙' 문제를 부각시키고 있다. 이러한 관점의 변화는 대체로 정율성의 인식에서 비롯된 것으로 보인다. 그것의 심층함의는 다음 두 가지로 요약할 수 있다. 첫째, 오페라 〈망부운〉는 한반도의 역사적인 상황을 투영하고 있으며, 아울러 간절한 소망을 담고 있기에, 분단 조국에 바치는 비가(悲歌)이자 미래의 희망가라고 할 수 있다. 둘째, 당시 '극좌'적인 '이념'으로 경직화된 예술 환경에서 오페라 〈망부운〉은 용감한 음악적 '반역'을 꿈꾸고 있는데, 이는 예술과 인류 본연(本然)에 바치는 찬가(讚歌)라 할 수 있다.

흔히 정율성을 부를 때 '항일음악전사', '혁명음악가', '군가작곡가'라고 하지만, 이러한 명칭은 그를 온전하게 설명하지 못한다. 실제로 음악예술의 관점에 보자면, 한국전쟁 발발 이후부터 1976년에 세상을 등지기까지의 25년 동안이 중요하다. 질적으로 양적으로 가장 완숙하고 풍성한 면모를 보여주기 때문이다. 정치와 이념에 얽매이지 않고, 민가, 동요, 서정 가곡, 오페라 등 음악적 다양성을 유감없이 보여주는데, 이 중에서도 특히 중요한 작품이 당연히 오페라 〈망부운〉이다. 〈망부운〉을 통하여 정율성은 참으로 많은 것을 이야기하고 있다. 우리는 오페라 〈망부운〉을 통하여 미처 몰랐던 정율성의 진면목을 볼 뿐만 아니라, 우리의 과거와 현재를 성찰하고 미래를 상상할 힘을 얻게 된다.

〈망부운〉은 백족의 민간설화로서도, 또 정율성의 오페라로서도 우리에게 많은 것을 들려주고 생각하도록 만든다. 이제 광주시립오페라단에서 이를 재해석하고 개작하여 무대에 올린다. 원래 5막4장이었던 것을 4막2장으로 편폭을 조절하였고, 음악적으로 많은 수정과 보완이 가해졌다. "원작의 질감을 훼손시키지 않으면서", 반대급부로 "어떻게 더 변모시켜야지만 오페라 시장에서 지속적으로 사랑을 받을 수 있을까?" 라고 고뇌하고 있다고 한다. 아무쪼록 오페라 〈망부운〉에 담긴 정율성의 소망과 이상이 오롯이 음악 형상으로 체현되기를 바란다. 〈망부운〉의 시공간적으로 넓고 깊은 의미가 감동적인 무대예술로 고스란히 구현되기를 기대한다.

이제 남은 것은 관객의 몫이다. 관객이야말로 무대예술을 키우는 원천적인 에너지인 법! 우선 광주 시민의 뜨거운 관심과 많은 성원이 필요할 터이다. 정율성의 고향에서 거듭 태어난 〈망부운〉이 광주를 넘어 한반도로, 한반도를 넘어 아시아로, 그리고 아시아를 넘어 전 세계로 성장하기 위해서는 말이다. 기실 〈망부운〉은 충분히 그럴만한 자격이 있으리라. 왜냐하면 〈망부운〉은 특정 민족이나 개인의 옛날이야기에 그치지 않고, 우리와 인류의 현재와 미래를 성찰하게 해는 매력을 지니고 있기 때문이다.

부록 1

백족 설화 〈백왕의 전설〉 : 남조 국왕의 탄생

1.

전하길, 백왕(白王)의 어머니 마니차(摩妮差)는 보산(保山) 이라총(易羅叢) 마을의 아가씨로 황룡담(黃龍潭) 물가에 살고 있었다. 어느 날 그녀가 황룡담에서 빨래하고 있는데, 마침 황룡이 유유히 노닐고 있었다. 마니차의 아름다운 모습을 보자, 황룡은 커다란 물고기로 변하여 물장구를 치며 그녀를 놀렸다. 이로부터 매일 한 밤중 꿈속에서, 그녀는 어렴풋이 한 젊은이와 함께 동침하는 것을 느꼈다. 그러나 날이 밝자마자 젊은이는 사라지고 없는 것이었다.

얼마 후, 마니차가 임신하여서 하루가 다르게 배가 불러 왔다. 그녀의 부모는 그녀를 호되게 야단쳤다. 처녀가 결혼도 하지 않은 채 아이를 배다니! 처녀로서 가장 수치스런 일이자, 집안의 명성을 먹칠하는 짓이라고. 부끄러워하며 마니차는 그간 있었던 일을 낱낱이 부모에게 말하자, 부모도 기괴한 일이라 여겼다. 얼마 후, 마니차는 아들을 아홉이나 한 번에 낳았다. 겨우 석 달이 지났을 뿐인데 아홉 아들들은 내쳐 달릴 수 있게 되어 도처로 다니면서 놀았다.

이 소식이 관아에 알려지자, 이를 믿지 못한 고을 원님이 마니차와 그 아들들을 친히 심문하겠노라고 불러 들였다. 원님은 불길한 마니차가 관아에 탈을 일으킬까 두려워, 평평한 맨 땅에 돈대(墩臺)를 만들게 했다. 병졸들이 마니차와 그 아들들을 돈대 옆으로 끌고 왔다. 원님이 마니차를 심문하고 있을 때, 아들들은 한쪽으로 뛰어가 흙장난을 쳤다. 훗날 여기에 아홉 개의 흙 언덕이 생겼고, 사람들은 이를 구룡강(九龍崗: 아홉 용 언덕)이라 불렀다.

마니차는 아이들이 너무 많아서 키우기가 힘들었다. 날이 갈수록 지내기가 어려웠다. 돌연히 어느 날 밤, 황룡이 백면서생(白面書生)으로 변신하여 마니차를 만나러 왔다. 마니차는 자신의 고초를 하소연하고서, 황룡에게 자기 아들들을 데리고 가라고 요구했다. 아들들이 장성한 것을 본 황룡은 마니차의 부담을 덜어주기 위해 흔쾌히 응낙하였다. 모 일 모 시에 황룡담 물가에서 건네받기로 약속했다.

약속한 날이 되었다. 마니차는 아홉 아들을 데리고 황룡담으로 갔다. 눈물을 머금고 아들을 한 명 한 명씩 연못 속으로 던져 넣었다. 여덟 명을 던지고 마지막 아들의 차례가 되었다. 막내아들은 마니차의 옷을 움켜쥐고 엄마와 헤어지지 않으려고 했다. 이 때, 황룡이 다시 백면서생으로 나타나 마니차에게 말했다. "요 녀석 아홉째는 당신에게 남겨 둡시다. 요 놈은 장래 국왕이 될 복을 받고 태어났소." 말을 마치고 백면서생은 황룡담으로 들어가 버렸다.

고생고생하며 마니차는 아홉째 아들을 지극정성으로 키우면서, 그에게 세나라(細拏羅)라는 이름을 지어주었다. 세나라가 자라서 열대여섯 되었는데 힘이 세서 그와 비할 자가 없었다. 억울한 자를 돕기를 좋아한 나머지 말썽을 피우곤 하였다. 이라총 마을에 더 이상 지낼 수 없게 되자, 마니차는 아들을 데리고 몽화(蒙化: 지금의 巍山縣)로 옮겨갔다. 터를 잡아 집을 짓고 농사를 지으며 평온한 나날을 보냈다.

2.

관음보살이 대리(大理)의 국왕을 고르기 위해, 탁발을 하면서 인재를 물색하고 있었다. 청동 방울을 울리며 몽화에 이른 관음은 찾고 찾은 끝에 세나라를 찾게 되었다. 그 때 세나라는 밭에서 쟁기질을 하고 있었고, 그의 어머니 마니차는 아들에게 갖다 줄 보리죽을 한창 끓이고 있던 중이었다. 관음이 세나라 집에 와서 마니차에게 말했다.

"어르신네, 나는 서역에서 온 중이온데, 묘향국(妙香國)[1] 여기에 온 것은 먹을 것을 좀 얻고자 함이오."

마니차는 듣자마자 크게 감동했다. 그렇게 멀리 여기까지 탁발을 오시다니! 설사 자신이 먹지 못하고 아들이 굶을지언정 이 스님이 드시도록 해야겠다고 여겼다. 조금도 주저함이 없이 관

1) 남조를 이어 등장한 왕조인 대리의 별칭이나, 여기서는 남조를 지칭한다. 바로 앞에 나오는 대리도 역시 남조를 가리킨다.

음이 드시도록 죽을 올렸다. 관음은 단숨에 죽을 남김없이 들이키고서 마니차에게 작별을 고했다. 마니차는 할 수 없이 다시 불을 피워 아들에게 줄 죽을 쒔다. 머잖아 죽이 다 끓었다. 생각지도 못하게 관음이 다른 중으로 변신하여 탁발을 하러 왔다. 앞서 왔던 중과 똑같은 어조로 말했다. 마니차는 또 막 끓인 죽을 통째로 스님에게 건넸다. 태양이 서쪽으로 거의 기울 무렵에야 그녀는 세 번째 죽을 끓여서 아들에게 갖고 갔다.

세나라는 정말이지 너무 배가 고팠다. 왜 이렇게 늦었는지 어머니에게 여쭈었다. 마니차가 두 차례에 걸친 스님의 탁발을 설명해 주자, 세나라 역시 기괴한 일이라 여겼다. 막 먹으려는 참에, 또 탁발하러 온 스님이 그들 앞에 나타났다. 세나라가 공손하게 스님에게 예를 표한 다음에 여쭈었다.

"큰 스님, 어인 일로 이런 산골 구석까지 오셨는지요?"

스님이 대답했다.

"배가 너무 고파, 먹거리를 좀 얻으려는 걸세. 꼼짝달싹 못할 지경이네!"

장거리를 걸어온 스님의 딱한 모습을 보자, 세나라는 스님에게 죽을 두 손으로 올렸다. 죽을 다 먹고 나더니 스님이 세나라에게 말했다.

"자네 소의 목에 걸린 멍에 나무판을 내게 주게. 좀 쓸 데가 있네."

세나라가 생각했다. 이깟 나무판이 별 것인가? 집에 돌아가서 더 만들면 되지! 조금도 주저함이 없이 대답했다.

"큰 스님이 필요하시면 가져가십시오."

관음이 멍에를 풀어내더니, 허리춤에 차고 있던 칼을 뽑아 세나라에게 주면서 멍에 나무판을 쪼개라고 시켰다. 세나라는 영문을 알 수 없었지만 그 나무판을 열세 차례 쳐서 쪼갰다. 그런데 다 쪼개 나자, 관음이 껄껄 웃으며 말했다.

"축하하네, 세나라! 지금부터 자네는 백왕(白王)이 될 걸세. 열세 번 베었으니, 왕위가 열세 번 이어질 걸세. 자네는 집에서 기다리고 있으면 되네, 며칠 뒤 묘향국의 백인(白人, 즉 백족)이 자네를 모시러 올 터이니까."

말을 마치자 스님은 구름이 자욱한 곳으로 걸어 들어가 사라졌다.

과연 사흘째 되던 날 이른 아침, 세나라는 집 사방에서 온갖 새가 우짖는 소리를 들었다. 정오 무렵, 한 무리의 사람들이 몰려 왔다. 꽃가마를 들고, 날라리를 불고, 북을 울리면서, 세나라와 그의 어머니를 모시고 대리로 갔다.

이런 뒤, 세나라는 백왕이 되고, 그 후손은 대리에서 십삼 대에 걸쳐 황제를 지냈다.

유포 지역: 운남(雲南) 대리(大理), 외산(巍山)
구술자: 흑명성(黑明星)
수집 정리: 마복민(馬福民), 양래봉(楊萊鳳)

부록 2

백족 설화 〈녹각장 마을〉
: 나무꾼을 사랑한 공주

남조 왕국 시절, 백왕(白王)에게 공주 한 명이 있었다. 백규(白圭)라고 불렀는데, 선녀처럼 곱게 생겼다. 나이 열일곱이 되던 해, 백왕은 부마를 고르려고 했다. 왕손과 귀공자들이 청혼하러 몰려 왔지만 백규 공주의 눈에 드는 사람은 한 명도 없었다. 그래서 자신이 직접 민간에 가서 마음에 드는 낭군을 구하고자 했다.

백규 공주가 왜 그러고 싶었을까요?

원래 그녀에게는 오빠 한 명이 있었다. 이름이 백림(白林)인데, 3년 전에, 백왕이 짝을 맺어주고자 했을 때의 일이었다. 고관대작들의 규수를 모두 불러 들여서, 직접 보고 고르게 하였지만, 백림 왕자의 눈에 드는 이가 하나도 없었다. 그 때 그는 사람들이 늘 하는 말이 생각났다.

"좋은 꽃은 깊은 산 숲에 피고, 좋은 여자는 백성 집에 태어나는 법이지!"

민간으로 내려가 직접 찾아보겠노라고 결심했다.

백왕도 어쩔 수 없어 동의했다. 백림이 떠날 준비를 할 때, 백왕이 그에게 성지(聖旨)를 주면서 말했다.

"네가 보고 맘에 드는 아가씨가 있거든, 이 성지를 그 집 대문에 붙이도록 하라. 그러면 그 집에서 아가씨를 보내올 게다."

그런데 누가 알았겠는가? 백림이 마을에 도착하기만 하면 아가씨들이 다 숨어버려, 한 명도 볼 수 없을 줄을! 수소문 끝에 그는 겨우 알게 되었다. 마을의 아가씨들은 왕자에게 시집가려고 하지 않는다는 사실을. 다시 말해, 마을 사람들은 국왕과 사돈 맺기를 원하지 않았던 것이다.

아무리 애써도 소용이 없자, 백림은 성지를 큰 바위 위에 붙여두고 말았다. 별 신기한 일도 다 있지! 백림이 몸을 돌려 돌아가자, 바위가 그의 뒤를 따라 나는 것이었다. 줄곧 궁궐 상공까지 날아왔다. 백왕이 보고 깜짝 놀랐다. 급히 궁수더러 쏘아 떨어뜨리게 했다. 한 바탕 쏘아대자 겨우 바위가 땅에 떨어졌다. 사람들은 이 바위를 '미녀석(美女石)'이라 불렀다. 그 바위는 지금도 창산(蒼山) 아래의 태화촌(太和村) 마을 뒤에 있는데, 핏빛 화살 구멍이 남아 있다. 백림은 민간에서 좋은 신붓감을 구하지 못했다. 그러나 훗날 이름과 성을 숨기고 직접 민간으로 내려가 결국 마음에 드는 아가씨를 찾았다. 행복한 나날을 보내며 이때부터 왕자 지위를 던져버렸다.

백규는 오빠가 부러웠다. 자신도 민간으로 가서 마음에 드는 낭군을 찾고 싶은 생각뿐이었다. 백왕은 당연히 마뜩치 않게 여겼고, 끊임없이 속히 부마를 고르자고 다그쳤다. 백규는 궁궐에서 온 종일 이맛살을 찌푸리고서, 식음을 마다하고 잠도 이루지 못했다. 그날 밤, 겨우 잠이 든 백규가 꿈을 꾸었다. 물소를 거꾸로 타고 궁궐을 나가 창산 기슭을 따라 가다가 이해 호수 가의 한 마을에 이르렀는데, 은은하게 대나무 피리 소리가 들려오는 것이었다. 마을로 들어서자 피리 소리의 주인공은 한 청년인데, 잘 생기고 빼어났다. 반짝이는 두 눈으로 그녀를 쳐다보자, 그녀는 부끄러워서 머리조차 들 수가 없었다. 바로 이 때 누군가가 그녀를 불러 깨웠다.

눈을 뜨고 보니 원래 자신을 시중드는 궁녀였고, 일어날 시간이 진즉 지났었다. 백규는 몸을 일으키면서 꿈을 되새기다 문득 좋은 생각이 떠올랐다. 백왕에게 가서 그녀가 아뢰었다.

"아바마마, 어젯밤에 관음보살께서 제 꿈에 기탁하여 당부하셨습니다."

백왕이 물었다.

"무슨 꿈이었더냐?"

"관음보살이 제게 말씀하기길, 물소를 거꾸로 타고 민간으로 시집가거라! 물소가 가다가 멈춘 집으로 가면 된다. 가난하든지 부유하든지 가리지 마라."

이 말을 듣자 백왕은 깜짝 놀랐다. 한참을 지난 뒤에야 겨우 말문을 열었다.

"물소를 거꾸로 타고 시집을 간다니, 그럼 체면이 어떻게 되겠느냐! 잊지 마라, 너는 당당한 공주이지, 소치기가 아니라는 사실을!"

백규가 간청했다.

"아바마마, 이는 관음보살님의 뜻입니다."

이렇게 말하자, 백왕은 마지못해 동의할 수밖에 없었다. 왜냐하면 그가 가장 믿는 분이 관음보살이기 때문이다. 그분의 뜻을 어길 수 있겠는가!

국왕의 동의를 듣자 백규는 마음이 몹시 기뻤다. 그녀는 곧장 물소를 거꾸로 타고서 궁궐을 나섰다.

물소가 걷고 걸어, 얼마나 걸었는지 모른다. 한 작은 마을에 이르러 물소가 오줌을 누었다. 그래서 이 마을을 훗날 헐등(歇登, 백족 말로 오줌이라는 뜻)이라 부르게 되었다. 또 물소가 걷고 걸어 다른 마을에 이르렀다. 마을 주변에 있는 연못에서 물소가 몸을 한번 굴렸다. 훗날 그래서 이 마을을 계보(契保, 백족 말로 몸이 반쯤 젖었다는 뜻)라고 부르게 되었다. 물소가 그 마을에서 남쪽으로 가는데, 작은 마을을 에둘러 지났다. 왜냐하면 그 마을에는 구부러진 부두가 있기 때문이다. 그래서 이 마을을 훗날 묵등가(墨等柯, 백족 말로 부두가 구부러졌다는 의미)라고 불렀다. 물소가 걸어가다가 또 한 마을에 이르렀는데, 마치 큰 골목을 지나는 것 같았다. 그래서 이 마을을 훗날 도처(倒處, 백족 말로 큰 길이라는 뜻)라고 한다. 거기서 물소는 또 큰 마을에 이르렀다. 물소 등에 올라타고 있던 백규 공주는 그때 피곤하고 배가 고팠다. 그러나 물소는 마치 들어갈 집이라도 찾아야 하는 양, 천천히 어느 대문도 쉽사리 들어가지 않았다. 마을 사람들이 배고파하는 공주의 가련함을 보고서 쌀밥 한 그릇을 갖다 주었다. 그 뒤 이 마을을 파매작(波每昨, 백족 말로 쌀밥 마을의 뜻)이라 불렀다. 이 마을은 지금도 그대로 있다.

때는 바야흐로 봄이었다. 이해 호수 가에는 도처가 울긋불긋한 꽃이요, 벌 나비가 춤추고 있었다. 물소를 타고 있던 공주는 이렇게 아름다운 꽃들을 보자, 소 등에서 뛰어내렸다. 사계홍(四季紅), 보춘화(報春花) 그리고 복사꽃, 살구꽃, 배꽃을 꺾어서 커다란 화환을 만들어 소의 뿔에 걸어주었다. 이 때 돌연 은은한 피리 소리가 전해 왔다. 그녀는 얼른 소에 올라타서 고개를 돌려 보았더니, 앞쪽 멀지 않은 곳에 푸른 나무 숲 사이로 마을이 하나 어른거렸다. 물소가 피리소리를 찾아 거기로 나갔다.

이 마을에는 수십 채의 집이 있는데, 모두 돌담장이고 석판 지붕이었다. 그 피리 소리는 작은 골목에서 전해 오는데, 그 골목에는 버드나무가 빼곡히 자라고 있었다. 물소는 두 큰 뿔을 이리저리 돌리며 골목으로 들어서더니 어느 작은 집 앞 골목에 멈춰 섰다. 백규가 물었다.

"물소야, 물소야, 너는 이 집에 가려는 게냐?"

물소가 고개를 끄덕였다. 그리고 머리를 비틀어, 두 큰 뿔을 바퀴처럼 돌리면서 겨우 좁은 골목을 헤집고 들어가 그 집 사립문으로 들어섰다. 전하기를 녹각장(轆角莊: 소가 뿔을 돌리던 마을)이라는 이름은 이렇게 생긴 것이라고 한다.

사립문 안은 작은 마당이었다. 마당에는 채소가 좀 심어져 있고, 넝쿨 식물도 조금 있었다. 처마 밑에는 옥수수가 주렁주렁 달려 있으나, 피리 부는 사람은 보이지 않았다. 백규가 마당에 들어서자 쉰 살 남짓의 아주머니가 맞았다. 아주머니는 백규가 비단을 걸치고 금은 머리 장식을 하고 있는 걸 보고, 그녀가 귀한 손님임을 알고서 방안으로 들어오게 했다. 그리고 말했다.

"색시, 어디서 오셨소? 어찌 이리 누추한 집까지 이르셨소?"

백규는 어떻게 답해야 할지 몰랐다. 그저 집안이 몹시 어둡다고 느낄 뿐이었다. 막 들어설 때는 아무 것도 보이지 않더니, 한참 지나자 방 가운데 놓여있는 화롯불이 보였다. 화롯불에는 삼발이가 놓여있고, 그 위에는 작은 구리 냄비가 올려져있었다. 화롯불 양쪽에는 두 개의 나지막한 나무 침상이 있었다. 그리고 방안에는 나무통, 톱, 도끼, 멜대, 광주리 … 등이 또 있었다. 백규는 매우 신기하게 여겼다. 왜냐하면 그녀는 이러한 집을 본 적이 없었기 때문이다.

이 때, 아주머니가 향기로운 차를 백규 앞에 내놓았다. 백규가 차를 받아들고 살짝 한 모금 마셔보았다. 궁에서 마셨던 차와 달랐다. 너무 향긋해서 아주머니에게 물었다.

"어머니, 무슨 차에요? 너무 맛있어요."

이 아가씨가 자신을 '어머니'라고 부르는 소리를 듣자, 아주머니는 매우 기분이 좋아 말했다.

"다음에 오면, 또 이렇게 향기로운 차를 대접하리라."

그러자 백규가 더 이상 부끄러워하지 않고 말했다.

"어머니, 저는 안 갈 터인데요."

아주머니가 잘못 들은 것 같아 다시 물었다.

"안 간다고요?"

백규가 말했다.

"저는 소를 타고서 피리 소리를 찾아 여기에 왔어요. 피리 소리를 듣고, 젊은 총각이 부는 줄을 알았죠. 아마 당신의 아들이 분 것이겠죠? 만일 그가 당신의 아들이라면, 저는 당신의 며느리이에요."

아주머니가 듣자 놀라 외쳤다.

"아이고머니나, 색시! 당신은 하늘에서 속세로 내려온 선녀인가요?"

백규는 자신이 여기에 오게 된 과정을 낱낱이 아주머니에게 말씀 드렸다. 그러고 있던 참에, 스물 두셋 살 청년이 집으로 들어왔는데, 말쑥하고 훤칠했다. 굵은 쪽빛 베적삼을 입고, 손에 작은 피리를 들고 있었다. 이름은 장보군(張保君)이었다. 백규가 보아하니 꿈속에 만난 사람과 똑같아, 마음에 쏙 들었다.

이렇게 백규는 장보군의 아내가 되었다. 얌전하고 고운 그녀를 보니 장보군은 몹시도 기뻤다. 결혼 이후 그는 그녀를 참으로 잘 대해 주었다. 아주머니는 두 부부가 다정하게 지내는 걸 보니 마음속이 마치 꿀을 들이킨 것 같았다. 단지 한 가지 걱정이 아주머니에게 있었다. 언젠가 백왕이 알게 되면 백규를 데리고 가버릴까 두려웠던 것이다. 아주머니는 이 일로 걱정해서 며칠 밤을 자지 못했다. 얼마 후, 한 가지 생각을 해냈다. 백왕을 자기 집으로 오시게 하여 혼사를 인정하도록 하는 것이었다. 백왕이 인정하기만 하면 다시는 백규를 데리고 갈 리가 없기 때문이다. 아주머니는 이런 생각을 아들 부부에게 말했다. 아들이 말했다.

"가시면 안 돼요! 가면 국왕이 붙잡아 감옥에 넣어 버릴 것입니다."

그러나 백규는 말했다.

"아바마마는 저를 사랑하시니, 어머니 한번 가 보세요."

아주머니는 며느리의 말을 듣자 떠났다. 궁궐에 도착하니 문지기들이 그녀를 들어가지 못하게 했다. 아주머니가 설명했다. 백왕이 바로 자신의 사돈이고, 자신은 백규 공주의 시어머니이며, 백왕을 모시고 딸의 시집으로 가고자 한다고. 문지기들은 이 말을 듣자 그녀를 데리고 들어갔다. 얼마 후, 백왕이 말을 전해 왔다.

"당신이 황금 다리와 은 길을 만들어, 왕궁까지 줄곧 깔아야만, 당신 집에 가서 혼사를 인정할 것이다."

돌아오는 길에 아주머니는 화도 나고 급하기도 하고 두렵기도 해서, 집에 도착하자마자 병이 나고 말았다. 아들과 며느리도 어쩌면 좋을지 알지 못했다. 역시 백규가 똑똑해서, 마음속으로 방도를 생각했다. 우선 남편으로 하여금 의사를 불러 어머니를 간병하도록 하는 것이었다.

장보군이 말했다.

"매일 숯을 팔아야 겨우 먹을 쌀을 살 수 있고, 소금 살 돈조차 없거늘, 무슨 돈이 있어서 의사를 부르겠소?"

백규가 팔목에서 팔찌를 벗어 주면서 말했다.

"이 팔찌를 파세요."

장보군이 팔찌를 받아들면서 말했다.

"이것이 몇 푼이나 나갈까요?"

백규가 말했다.

"의사를 백 번 부르고, 약을 백 첩 지어도 남을 것입니다. 이것은 황금이니까요."

장보군이 금이라는 소리를 듣자 팔찌를 한참 보더니 말했다.

"황금이란 것이 무언가 했네요. 알고 보니 이런 것이 금이라면, 내가 나무하는 산에 많고 많은데!"

백규가 웃었다.

"산에 어디 금이 있겠어요? 그건 분명 누런 돌이겠죠."

그러나 장보군이 대답했다.

"틀릴 리가 없어요. 이 팔찌와 똑같아요."

백규가 말했다.

"그럼 내일 나무하러 가시면 몇 덩이 갖고 와 보세요."

다음 날, 장보군이 나무하러 산에 갈 때, 괭이 한 자루를 메고 갔다. 산 숲에 있는 동굴 한 곳으로 가더니, 잠깐 동안에 많은 덩어리를 캐어냈다. 그런 다음, 죽을힘을 쓰면서 겨우 그것들을 메고 집으로 돌아왔다.

백규가 보아하니, 덩어리마다 금이고 은이었다. 그녀는 기뻐서 외쳐댔다.

"이러면 됐어요, 이러면 돼!"

장보군이 물었다.

"무엇이 됐다는 게요?"

백규가 장보군에게 대답했다.

"어머니가 나의 아버지를 사돈집에 오시라고 하자, 이렇게 말했다죠. '황금 다리와 은 길을 왕궁까지 깔아야 한다. 그렇지 않으면 사돈으로 인정하지 않을 게야!' 이 금 덩어리와 은 덩어리가 있으면 황금 다리와 은 길을 깔 수가 있어요."

이 말을 듣자 아주머니도 기뻐서 병이 반쯤 나은 듯했다. 의사를 불러 진찰받고, 약 몇 첩을 먹자 말끔히 낫게 되었다. 이때부터 온 집안 세 식구가 아침부터 저녁까지 금은 덩어리를 캐서, 금 다리와 은 길을 깔았다. 꼬박 일 년이 지나자, 정말이지 황금 벽돌로 만든 다리와 은 벽돌로 깐 길이 왕궁까지 만들어졌다.

백왕이 보고서 깜짝 놀랐다. 딸 백규가 창산(蒼山)의 본주(本主)[1]와 관음보살의 보살핌을 받았기에 이렇게 많은 금은을 갖게 된 것이라고 여겼다. 서둘러 모든 문무백관을 거느리고, 떠들썩하고 성대하게 녹각장으로 몰려갔다. 이 녹각장은 지금 대리(大理) 현(縣)의 칠리교(七里橋) 일대이다. 백왕이 녹각장 마을 머리의 푸른 당산나무에 이르자, 백규와 장보군이 마중 나와 있었다. 백왕이 척 보니, 딸과 사위가 하늘에서 내려온 신선으로 생각되었다. 저절로 두 무릎이 굽어져, 딸과 사위에게 꿇어 절을 했다. 문무백관들도 왕이 무릎을 꿇자 모두 꿇었다. 이러자 딸 백규가 난처했다. 서둘러 달려와 백왕을 붙잡아 일으키며 말했다.

"아바마마, 딸과 사위가 절을 올려야지, 어찌 아비가 먼저 저희에게 절을 하신단 말씀입니까? 하늘 아래 이런 법규가 어디 있겠습니까?"

1) 백족의 전통 민간종교의 신. 토지신이나 마을신에 해당한다.

백규를 바라보는 백왕은 몹시 두려워서 온 몸이 사시나무 떨듯했다. 백규가 뭐라고 하는지 도무지 알아듣지 못하고 그저 중얼댔다.

"선인(仙人)이시여 저의 잘못을 용서 하소서…"

백왕이 자신을 선인으로 여기는 것을 본 백규는 아버지의 팔을 흔들며 말했다.

"아바마마, 저는 당신의 친딸, 백규이옵니다. 어디 선인이 있겠어요?"

그러나 백왕은 믿지 못했다.

"선인이 아니라면 어디서 그리 많은 금은 덩어리가 왔겠습니까?"

백규가 굳살이 박힌 두 손바닥을 내밀어 보이며 말했다.

"아바마마, 금 벽돌과 은 벽돌은 이 두 손의 힘으로 얻은 것이에요."

그래도 백왕은 믿을 수 없어 여전히 땅바닥에 꿇어 앉아 말했다.

"아니, 아니에요. 선인이시여, 저를 보살펴 주세요, 저를, 나무아미타불!"

이 광경을 둘러싸고 보고 있던 녹각장 마을 사람들은 모두 웃음보따리를 터뜨렸다.

유포 지역: 운남(雲南) 대리(大理), 등천(鄧川), 이원(洱源)

구술자: 양한(楊漢)

수집 정리: 양미청(楊美淸)

부기

녹각장 전설은 다른 판본이 비교적 많다. 그러나 이야기의 큰 줄거리는 대체로 같고, 단지 구체적 장면에서 약간 차이가 있을 뿐이다. 통계에 의하면 정리하여 발표된 것이 이미 여섯 종이 있다. 여기 고른 것은 새로 정리한 판본이다.

후기

처음 정율성에 대해 관심을 갖게 된 것은 20년쯤 전이었다. 이곳 광주에서 태어나 중국 대륙을 누빈, 그의 파란만장한 삶과 왕성한 예술 활동은 나를 단번에 사로잡았다. 그를 소개하는 글을 썼다. 당시 이 지역 교육계의 수장이셨던 장인이 보시고 크게 반기셨다.

"이렇게 훌륭한 분이 계셨다니 … 그를 널리 알리고 기념해야겠구나."

얼마 후, 장인의 목소리가 걱정스럽게 바뀌셨다. "북한 군가도 지었다면서야…, 빨갱이라고 욕하는 사람도 있더라."

다행히 사회 분위기가 유연해지면서, 정율성을 기념하는 음악회나 학술대회가 그의 고향인 이곳 광주에서 열리기 시작하였다. 자연스럽게 그에 대한 인지도가 높아졌다. 나는 기회가 있을 때마다 주장했다. 그의 미망인이 살아 계실 적에 그의 유물을 이곳으로 옮겨오고 기념관도 설립합시다! 그러나 여전히 모두들 조심스러워 했다. 그러는 사이에 2009년 중국 하얼빈에 기념관이 설립되고 모든 유물은 그곳으로 옮겨가고 말았다.

아무튼 정율성을 주제로 하는 음악회와 학술대회 등이 꾸준히 개최되면서 보다 많은 사람들이 그를 주목하게 되었다. 심지어 '생가' 논쟁마저 벌어질 정도였다. 그러나 사회 일각에서는 여전히 못마땅하게 여기는 시선이 존재했다. 구태의연한 색깔 논쟁은 말할 것도 없거니와, 그는 중국과 북한의 군가를 지은 특별한 음악가일 뿐, 음악적 수준은 높지 않다는 등등.

음악에 대해서는 문외한이기에 나로서는 그의 음악을 예술적으로 평가할 수 없었다. 나는 다만 그의 삶의 궤적과 그 의미를 좀 더 찾아보려고 노력하였다. 이 때 눈에 띈 것이 바로 오페라 〈망부운〉이었다. 나는 오페라 〈망부운〉을 통해서 그의 깊은 내면을 들여다 볼 수 있으리라고 기대하였다. 그래서 그것과 관련하여 3편의 논문(수정 보완하여 이 책 4장, 5장, 6장에 수록함)을 썼다. 예상대로 〈망부운〉은 많은 것을 시사해주었다. 정율성의 오페라로서는 물론이고, 백족 민간설화로서도 〈망부운〉은 시공간적으로 넓고 깊은 이야기를 간직하고 있었다.

그러자 행운이 찾아왔다. 나의 존경하는 벗, 임해철 교수를 만난 것이다. 엄청난 '대환(大患)'을 몸에 품고 있음에도 불구하고, 임 교수는 음악에 대해서라면 그의 열정이 활화산 같았다. 그 역시 오페라 〈망부운〉을 주목하였다. 천군만마를 얻은 기분이었다. 마침내 우리는 정율성 선생의 외동딸로부

〈임해철과 정소제〉

터 〈망부운〉 악보를 건네받았다. 결코 녹록지 않았던 일이었기에 그 날짜를 뚜렷이 기억하고 있다. 2017년 1월 23일! 그리고 일련의 후속 작업들이 임 교수의 열정적인 지휘 아래 속속 진행되었다. 이제는 정갑균 예술감독이 이끄는 여러 예술가들에 의해 무대에 오르게 되었다.

정율성 선생이 이 곳 광주에서 태어난 지 100년이 넘어갔다. 잃어버린 조국에서 태어나, 고향을 떠나 대부분의 삶을 중국에서 보냈던 정율성! 그는 끝내 고향 땅 광주를 밟지 못했다. 어쩌면 고향 그리는 구름이 되어서 돌아온 것은 아닐까? 그나마 그의 파란만장한 삶과 꿈이 오롯이 담긴 오페라 〈망부운〉이 고향 무대에서 재현되니 다행이다. 이제 그에 대한 마음의 짐을 내려놓을 수 있을 것 같다. 살아계셨다면 장인께서도 기뻐하셨을 것 같다.

이 책이 나오는 데, 나의 첫 번째 독자로서 언제나 든든한 조언을 아끼지 않는 아내 안윤주와 딸 양미립의 도움이 컸다. 또 전남대학교 아시아문화협동과정의 이희라 동학 역시 큰 힘이 되었다. 사실 이 후기를 읽고 있는 모든 분들에게 진심으로 감사의 말씀을 드리고 싶다.

2019. 2. 8.

용봉골 연구실에서

행인 양회석